杂项

收藏入门百科

姚江波 编著

化学工业出版社

·北京·

本书论述了除了人们日常生活用具等主流艺术品之外,还有许多珍贵文物,如石器、骨器、角器、蚌牙、钱币、铜镜、金银器等等,也是造型隽永,雕刻凝炼,精品力作犹如灿烂星河,具有重要的研究、艺术、经济价值。而本书拟从文物鉴定角度出发,以科学考古发掘所出土的器物为依据,以出土器物为佐证,将文物置于时代和社会历史大背景下来考虑,以确保本书的科学性、严谨性和可读性,力求将错综复杂的问题简单化。具体而细微地指导藏友由一件器物的细部(件数/做工/纹饰/造型)去鉴别真假、评判价值,力求做到使藏友读后由外行变成内行,强调实战性、指导性、工具性,并具有一定的学术性,体现实用价值,过于专业、不可操作、与收藏者无关的内容已回避。全书以直述鉴定要点为主,文字简练,一语中的,洞穿真伪;幅细部图,纤毫毕现。

每类杂器先作总的概述,简明扼要地陈述定义、产地、流变等,建立起基本概念和框架,选择图例时,尽量突出典型性,也要兼顾年代、器型、纹饰、质地的多样性。强调实用性与唯美性的结合,注重美感与品位。以及存世量评估、收藏到真品的可能性分析等。从纷繁复杂的器物特征中打开鉴定的法门——断时代、辨真伪、评价值、为收藏,使读者真正领悟收藏,从收藏中受益。

图书在版编目(CIP)数据

杂项收藏入门百科/姚江波编 著. —北京:化学工业出版社,2016.8
ISBN 978-7-122-26180-9

Ⅰ. 杂… Ⅱ. ①姚… Ⅲ. ①文物-收藏-中国 Ⅳ. ①G894

中国版本图书馆CIP数据核字(2016)第018260号

责任编辑:郑叶琳　　　　　　　　　　　　装帧设计:尹琳琳
责任校对:边　涛

出版发行:化学工业出版社(北京市东城区青年湖南街13号　邮政编码100011)
印　　装:北京市雅迪彩色印刷有限公司
710mm×1000mm　1/16　印张18　字数150千字　2016年8月北京第1版第1次印刷

购书咨询:010-64518888(传真:010-64519686)　售后服务:010-64518899
网　　址:http://www.cip.com.cn
凡购买本书,如有缺损质量问题,本社销售中心负责调换。

定　价:128.00元　　　　　　　　　　　　　　　版权所有　违者必究

前言 · Preface

  中国有5000年绵延不断的文明史，在历史上产生了无与伦比的文物。文物是历史的载体，涉及门类众多，不可能一一尽述，除了人们日常生活用具等主流文物之外，还有许多珍贵文物，如石器、骨器、角器、蚌器、牙器、贝器、铁器、金银器等等，也是造型隽永，雕刻凝烁，精品力作犹如灿烂星河，具有重要的研究、艺术、经济价值。精细的磨制石器出现在10000年左右，它是新旧石器时代分界线的重要标志。从造型上看镰、刀、纺轮、铲、凿、磨盘、钻头、斧、球、镞等都常见，镞在当时是真正打猎用的实用器；镰显然和我们现在收获时使用的镰刀在功能上没有区别。石器随着时代的发展而发展。新石器时代就有骨笄、匕、笛、镞、簪、锥等成熟的器皿，在生活当中承担着各种功能，如匕、镞很明显为兵器；笄、簪为装饰器，笛为乐器；骨器是不断发展，同样造型也是不断地在改变，如唐宋时期的骨梳就十分流行，而如骨镞、匕等骨质兵器就很少见到了，实际上直到今天骨角器的梳子依然很常见。

  以上众多的中国古代文物，几乎每一种类都在历史上经历了数个时代的延续，有着众多的器物造型，精品力作不断涌现，具有较高的收藏价值，被历代收藏家所青睐。如仅从金银器的造型上看就有汉代金箔、银镯、金镯、银耳环；明清在数量又有进一步的发展，如金镯、金簪、金币、金荷包、金狮、金条等等都有见，造型隽永，纹饰繁缛，具有较高的收藏价值。但即使是石器、蚌器、牙器、骨器等目前市场上也有很多伪的器物，鱼龙混杂，难以辨认。而本书拟从文物鉴定角度出发，以科学考古发掘所出土的器物为依据，以出土器物为佐证，将文物置于时代和社会历史大背景下来考虑，以确保本书的科学性、严谨性和可读性，力求将错综复杂的问题简单化，以金器、银器等鉴定要素为切入点，具体而细微地指导收藏爱好者由古文物的细部去鉴别真伪、评估价值，力求做到使藏友读后由外行变成内行，真正领悟收藏，从收藏中受益。

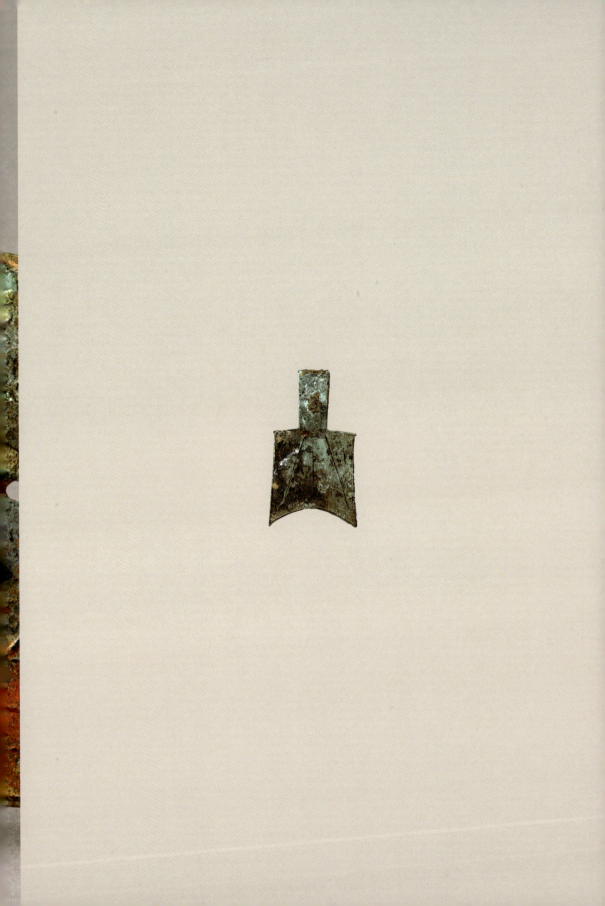

目录 • contents

第一章 石器鉴定 / 01

第一节 新石器时代石器 02
1 • 石锛鉴定 02
2 • 石刀鉴定 16
3 • 石铲 30
4 • 石凿 51

第二节 夏·商·周石器 56
1 • 夏代石器 56
2 • 商代石器 57
3 • 周代石器 58

第三节 秦汉至清代的石器 60
1 • 秦汉六朝石器 60
2 • 隋唐五代 62
3 • 宋元明清 64

第二章 骨角蚌牙器鉴定 / 75

第一节 新石器时代骨器 76
1 • 从件数特征上鉴定 78
2 • 从造型特征上鉴定 79
3 • 从顶部特征上鉴定 81
4 • 从打磨特征上鉴定 82
5 • 从精致特征上鉴定 82
6 • 从完残特征上鉴定 83
7 • 从穿孔特征上鉴定 84
8 • 从长度特征上鉴定 84
9 • 从厚度特征上鉴定 84

第二节 夏商至明清骨器 87

第三节 角器 90

第四节 蚌牙器 91

目录 · Contents

第三章 铁器鉴定 / 97

第一节 铁器的产生 98

第二节 铁器的发展与鼎盛 101

1. 铁带钩　101
2. 铁镞　101
3. 铁臿　102
4. 铁镰　104
5. 铁斧　104

第四章 金银器 / 115

1. 金簪　118
2. 金钗　120
3. 金镯　123
4. 金钏　124
5. 金荷包　125

目录 · Contents

第五章 钱币 / 135

第一节 贝币 140

1 · 从时代上鉴定 140
2 · 从数量和出土位置上鉴定 141
3 · 从质地上鉴定 141
4 · 从大小上鉴定 141
5 · 从功能上鉴定 142
6 · 从地域上鉴定 143
7 · 从造型上鉴定 144
8 · 从加工上鉴定 144
9 · 从齿纹数上鉴定 145
10 · 从尺寸上鉴定 145
11 · 金铜结合贝币 146
12 · 从完残上鉴定 146

第二节 布币 147

1 · 从渊源上鉴定 147
2 · 从名称上鉴定 147
3 · 从时代上鉴定 149
4 · 从种类上鉴定 149
5 · 从地域上鉴定 151
6 · 从铭文上鉴定 151
7 · 从出土地点上鉴定 151
8 · 从空首布上鉴定 152
9 · 从平首布上鉴定 152
10 · 从殊布上鉴定 153
11 · 从锈蚀上鉴定 153
12 · 从尺寸上鉴定 154

第三节 刀币 167

1 · 从造型上鉴定 168
2 · 从类型上鉴定 168
3 · 从铜质上鉴定 169
4 · 从锈蚀上鉴定 170
5 · 从铭文上鉴定 171

目录 · Contents

第四节 圆钱 177
1. 从秦国圜钱上鉴定 179
2. 从魏国圜钱上鉴定 180

第五节 先秦其他货币 183

第六节 圆钱 188
1. 战国圆钱 189
2. 秦代古钱 190
3. 汉代古钱 190
4. 魏晋南北朝古钱 198
5. 隋唐五代古钱 199
6. 辽宋夏金元古钱 202
7. 明清古钱 206

6. 从燕国刀币上鉴定 171
7. 从齐国刀币上鉴定 173
8. 从赵国刀币上鉴定 175

第六章 铜镜 / 211

第一节 新石器时代至春秋时期铜镜 215
1. 从新石器时代铜镜上鉴定 215
2. 从夏代铜镜上鉴定 215
3. 从商代铜镜上鉴定 215
4. 从西周铜镜上鉴定 216
5. 从春秋铜镜上鉴定 216
6. 从造型上鉴定 216
7. 从纹饰上鉴定 217
8. 从出土位置上鉴定 217
9. 从大小上鉴定 217
10. 从素面上鉴定 217
11. 从钮部上鉴定 217
12. 从铜质上鉴定 218
13. 从厚薄上鉴定 218
14. 从锈蚀上鉴定 218
15. 从工艺上鉴定 218

目录 · Contents

第二节 战国铜镜 219

- 16 · 从功能上鉴定 218
- 1 · 从出土位置上鉴定 220
- 2 · 从厚薄上鉴定 220
- 3 · 从镜面上鉴定 221
- 4 · 从素面上鉴定 222
- 5 · 从沿部上鉴定 223
- 6 · 从造型上鉴定 223
- 7 · 从纹饰上鉴定 224
- 8 · 从数量上鉴定 224
- 9 · 从大小和铜质上鉴定 225
- 10 · 从钮部上鉴定 225
- 11 · 从锈蚀与工艺上鉴定 226
- 12 · 从功能及名贵镜上鉴定 226

第三节 秦汉至南北朝铜镜鉴定 227

- 1 · 时代背景 227
- 2 · 从造型与大小上鉴定 227
- 3 · 从数量上鉴定 228
- 4 · 从素面与纹饰上鉴定 228
- 5 · 从出土位置上鉴定 229
- 6 · 「日光」和「昭明」铜镜 229
- 7 · 从钮部上鉴定 233
- 8 · 从铜质和工艺上鉴定 233
- 9 · 从功能和铭文上鉴定 233
- 10 · 从厚薄上鉴定 234
- 11 · 从锈蚀上鉴定 234

第四节 隋唐五代铜镜 236

- 1 · 从造型上鉴定 236
- 2 · 从数量上鉴定 236
- 3 · 从出土位置上鉴定 237
- 4 · 从大小上鉴定 237

目录 · Contents

第五节 宋元铜镜 …… 254

1. 从造型上鉴定 …… 254
2. 从数量上鉴定 …… 255
3. 从素面上鉴定 …… 256
4. 从钮部上鉴定 …… 256
5. 从铜质上鉴定 …… 257
5. 从厚薄上鉴定 …… 237
6. 从锈蚀上鉴定 …… 238
7. 从功能上鉴定 …… 239
8. 从素面上鉴定 …… 239
9. 从钮部上鉴定 …… 240
10. 从铜质上鉴定 …… 240
11. 从做工上鉴定 …… 240
12. 从铭文上鉴定 …… 241
13. 从纹饰上鉴定 …… 242
14. 从色彩上鉴定 …… 253

第六节 明清铜镜 …… 262

1. 从造型上鉴定 …… 262
2. 从数量上鉴定 …… 263
3. 从素面上鉴定 …… 263
4. 从钮部上鉴定 …… 263
5. 从铜质上鉴定 …… 264
6. 从做工上鉴定 …… 264
7. 从铭文上鉴定 …… 265
8. 从纹饰上鉴定 …… 266
9. 从大小上鉴定 …… 266
6. 从工艺上鉴定 …… 257
7. 从功能上鉴定 …… 258
8. 从铭文上鉴定 …… 258
9. 从纹饰上鉴定 …… 259
10. 从出土位置上鉴定 …… 260
11. 从大小上鉴定 …… 261

目录 · Contents

10 · 从厚薄上鉴定	267
11 · 从锈蚀上鉴定	267
参考文献	269

第一章 石器鉴定

第一节 新石器时代石器

1. 石锛鉴定

（1）从件数特征上鉴定

石锛是新石器时代的主流器物造型之一，墓葬和遗址内都有见，主要以遗址出土为多，件数从1~2件不等。从总量上看，新石器时代石锛的规模还是比较大，是收藏者经常能遇到的藏品。

（2）从磨制特征上鉴定

新石器时代石锛是磨制而成的。在磨制特征上，来看一则实例："通体磨制"（中国社会科学院考古研究所广西工作队、广西壮族自治区文物工作队《1996年广西石

石锛 新石器时代

第一章 石器鉴定

石锛 新石器时代

器时代考古调查简报》,《考古》,1997年10期)。通体磨光在新石器时代意味着精工细作,是较为精致的器皿,这一点在鉴定时应注意分辨。但显然不是所有石锛都是通体磨光,因为通体磨光对于石锛的实用功能来讲是没有必要的,同样是上例的这次发掘中还发现了只在刃部略加磨制和只"在砾石一端两面磨制"情况。可见,石锛在磨光特征上是多样化的;同时,在同一件器物上石锛磨制的精细程度也是不同的。来看一则实例:"刃部磨制较精"(中国社会科学院考古研究所广西工作队、广西壮族自治区文物工作队、南宁市博物馆《广西邕宁县顶蛳山遗址的发掘》,《考古》,1998年11期)。在这件磨制的石锛上只是刃部为了实用的需要打磨的较为仔细,而其他部分则是粗略打磨了一下,显然新石器时代石锛的打磨主要还是为了配合实用的需要。另外,还有一面磨制、单面刃、背面磨制等特点。不过总的来看新石器时代石锛在磨光上以精细和局部精细为主,粗糙的情况也有见,但并不是很多。

通体磨制石锛　新石器时代

局部磨制石锛　新石器时代

（3）从造型上鉴定

新石器时代石锛在造型上的特征十分明确，造型较为丰富。常见的造型主要有长方形、梯形、长条形、扁平长方形、椭圆形、竖条形等。有一些造型看起来非常奇怪，如"均呈枣核形"（中国社会科学院考古研究所山西队《山西垣曲县小赵新石器时代遗址的试掘》，《考古》，1998年4期）。同时，新石器时代石锛的造型并不是真正几何意义上的造型，而是以视觉为判断标准，如有扁平长方形的石锛在顶部是近圆形的造型。

石锛　新石器时代

石锛 新石器时代

（4）从刃部特征上鉴定

新石器时代石锛在刃部特征上特征比较明确。如"弧刃"（荆州市博物馆、石首市博物馆、武汉大学历史系考古专业《湖北石首市走马岭新石器时代遗址发掘简报》，《考古》，1998年4期）原，弧刃的石锛有一定数量，但不占据主流地位；还有"单面刃"（孝感市博物馆《湖北孝感市徐家坟遗址试掘》，《考古》，2001年3期）；另外，还有见斜刃的情况。石锛在刃部造型上呈多样化的特征。从锋利程度上看，多数石锛的刃部是锋利的，来看一则实例："刃口锋利"（中国社会科学院考古研究所广西工作队、广西壮族自治区文物工作队《1996年广西石器时代考古调查简报》，《考古》，1997年10期）。这一点显然切合其实用的功能。另外还有直刃的情况，不过直刃的石锛一般还伴随着偏锋的造型，因为如果没有弧度自然实用功能会受到限制。可见新石器时代石锛在刃部制作上已相当成熟，可以根据功能的需要制作出各种各样的刃部，鉴定时应注意分辨。

杂项 收│藏│入│门│百│科

石锛 新石器时代

（5）从石料上鉴定

新石器时代石锛在石质特征上比较明确，常见的主要有页岩、泥质灰岩、细砂岩、硅质岩、红砂岩、砂岩质、玄武岩、花岗岩、石英岩等，由此可见在石质上的丰富性。来看一则实例："Ⅱ式：1件（GGST：7）。泥质灰岩"（中国社会科学院考古研究所广西工作队、广西壮族自治区文物工作队《1996年广西石器时代考古调查简报》，《考古》，1997年10期）。石锛在当时是人们日常生活当中的实用器皿，所以基本上都是就地取材，因此各种石料在质地上也是千差万别，但基本上选择的都是石质较为坚硬、韧性较好的岩石为料，这是其共性的特征，鉴定时应注意分辨。

（6）从手感上鉴定

新石器时代石锛在手感上特征十分明确，主要是以手感光滑为显著特征，来看一则实例："光滑"（巴林右旗博物馆朝格巴图《内蒙古巴林右旗查日斯台嘎查遗址的调查》，《考古》，2002年8期）。显然这不是一则孤例，再看一件不同地区例子："光滑"（甘肃省文物考古研究所《甘肃秦安县大地湾遗址仰韶文化早期聚

第一章 石器鉴定

石锛 新石器时代

石锛 新石器时代

落发掘简报》,《考古》,2003年6期)。但并不是所有石锛在手感上都是光滑细腻的,有一部分石锛略感粗糙,来看一则实例:"T4③:13,表面颗粒较粗"(福建博物院、美国哈佛大学人类学系《福建东山县大帽山贝丘遗址的发掘》,《考古》,2003年12期)。但通常情况下表面颗粒较粗的部分是粗磨的部分,只要是经过精细打磨的石锛基本上都是光滑的,鉴定时应注意分辨。

石锛 新石器时代

（7）从顶部特征上鉴定

石锛在顶部特征上比较明确，多样化的特征很明显，各种各样的顶部特征都涉及了。如"平顶"（山东省博物馆于秋伟、赵文俊《山东沂南县发现一组玉、石器》，《考古》，1998年3期）；再如，"顶端略呈椭圆状"（青阳县文管所陶能生《安徽青阳县中平遗址调查》，《考古》，1997年11期）原。这件石锛是一件椭圆形的顶，这种顶比较常见。另外还有见"弧顶"（山东省博物馆于秋伟、赵文俊《山东沂南县发现一组玉、石器》，《考古》，1998年3期）原。弧形顶的造型实际上与椭圆形顶有相似之处，数量也较多。从宽窄上看，新石器时代石锛基本上是以窄顶为显著特征，很少见到宽顶的情况，来看一则实例："顶端窄"（山东大学考古系、淄博市文物局、沂源县文管所《山东沂源县姑子坪遗址的发掘》，《考古》，2003年1期）。这一点在鉴定时应注意分辨。

石锛 新石器时代

石锛 新石器时代

（8）从时代特征上鉴定

新石器时代石锛在时代特征上十分明确，主要是作为农耕文明的标志性器物出现。它标志着新石器时代人们已经开始刀耕火种的生活，"在黄土高原地区，处于新石器时代中晚期的仰韶文化中，石铲工具之数量逐渐增多，而用于松土、锄草的工具已经出现。半坡遗址中出土的有石铲13件、石锛71件、石锄19件。可以断定，石铲的作用可能只限于播种并占耕锄工具的一少部分，而松土锄草工具石锛和石锄

石锛 新石器时代

石锛 新石器时代

则占主要部分"（姚江波著《中国古代陶器鉴定》，湖南美术出版社，2009年4月，第1版）。农业文明的出现改变了人们的生存方式，意味着文明曙光的到来，因此石锛是生产力发展到一定阶段的产物，标志着农业生产普遍化，人类文明时代的到来，其意义十分深远。

（9）从色彩特征上鉴定

新石器时代石锛各种各样的色彩都有，如黑色、黄色、青灰色、浅褐色、墨绿色、灰色、绿色、青色、青白色、深青色、青绿色、褐色、浅黄色等。但通常情况下纯正的色彩不多，多数伴随着局部的串色和偏色问题。总的来看主要以青灰等色为主。

石锛 新石器时代

顶部略有残缺的石锛 新石器时代

（10）从完残特征上鉴定

新石器时代石锛在完残特征上由于其材质是比较坚硬的石质，大多数石锛残缺情况比较轻微。来看一则实例："刃部稍残"（山东大学考古系、淄博市文物局、沂源县文管所《山东沂源县姑子坪遗址的发掘》，《考古》，2003年1期）。这并不是一则孤立的例子，而是相当的多，显然是新石器时代石锛主要残损的部位，因为刃部已经打磨得非常薄，自然容易损坏。当然顶部残缺的也有，如"上端残"（南京博物院、镇江博物馆《江苏镇江市左湖遗址发掘简报》，《考古》，2000年4期）。但残缺严重的石锛很少。

（11）从纹饰特征上鉴定

新石器时代大多数石锛无纹饰，只有少数石锛之上有纹饰存在。来看一则实例："正面上端刻划有纹饰"（广西壮族自治区文物工作队、那坡县博物馆《广西那坡县感驮岩遗址发掘简报》，《考古》，2003年10期）。同时，石锛的纹饰多为简单的刻划纹，通常情况下有纹饰的石锛石质比较好，很少见到打磨不细的情况，而且有相当多接近玉质的感觉，总之，是以精致为主。鉴定时应注意分辨。

素面石锛　新石器时代

（12）从做工特征上鉴定

新石器时代石锛在做工上手法多样，工艺精湛，以磨制为主，打制为辅，打制和磨制常常融合在一起。在磨制方法上有粗磨和细磨之分，如刃部一般打磨都非常精细，而顶部则是粗磨，但通体磨光的情况也很常见。刃部虽都磨光，但有时是一面磨光，未打磨的情况也有见，但数量不是很多，鉴定时注意分辨。

工艺精湛石锛　新石器时代

石锛　新石器时代

（13）从长度特征上鉴定

新石器时代石锛在长度特征比较明确，总的来看是大小不一。来看一则实例："长5.2厘米"（山东省博物馆，于秋伟、赵文俊《山东沂南县发现一组玉、石器》，《考古》，1998年3期）。这是一件较小的石锛，不过这样的器皿并不是孤例，而是有相当的普遍性，比其更小的4厘米和3厘米左右的情况都有见，可见石锛在新石器时代的功能是多样化的。当然比这一实例大的石锛也很常见，5~9厘米左右的长度特征都有见，如"长11厘米"（青阳县文管所，陶能生《安徽青阳县中平遗址调查》，《考古》，1997年11期）。当然11厘米长的石锛并不代表着最大，但数量比较少，鉴定时注意分辨。

石锛　新石器时代

（14）从宽度特征上鉴定

新石器时代石锛在造型宽度特征上差异性较大，这可能是由于具体功能的不同所导致。来看一则实例："宽1.7厘米"（南京博物院、镇江博物馆《江苏镇江市左湖遗址发掘简报》,《考古》,2000年4期)。像这样的石锛基本上只能以长条形的造型出现了,它的宽度特征在石锛中是较小的,当然一定是特殊的功能所造就的现象,但这并不是石锛宽度特征的常态。关于常态化我们再来看一件石锛:"宽5.2厘米"(巴林右旗博物馆朝格巴图《内蒙古巴林右旗查日斯台嘎查遗址的调查》,《考古》,2002年8期)。这件石锛的宽度特征较符合我们对于石锛较为固定化的印象,从数量上看该类石锛也较多。

石锛 新石器时代

第一章 石器鉴定

石锛 新石器时代

2. 石刀鉴定

（1）从件数特征上鉴定

石刀是新石器时代主流器物造型，墓葬和遗址内都有见，主要以遗址出土为多，件数从1~2件不等，有的遗址出土数量多一些，十数件的情况有见。来看一件实例："刀4件，长方形。可分二式"（中国社会科学院考古研究所河南第一工作队、河南省文物考古研究所、三门峡市文物工作队、灵宝市文物保护管理所、荆山黄帝陵管理所《河南灵宝市北阳平遗址试掘简报》，《考古》，2001年7期）。可见，石刀在出土数量上特征十分明确，从总量上有一定的量，但还占据不到主流地位。

石刀　新石器时代

石刀　新石器时代

（2）从磨制特征上鉴定

新石器时代石刀绝大多数都是磨制的，具体来看一则实例："刀2件。99ⅡH6:4，磨制"（中国社会科学院考古研究所山西队、山西临汾行署文化局《山西襄汾县陶寺遗址Ⅱ区居住址1999～2000年发掘简报》，《考古》，2003年3期）。实际上像这样的例子很常见，但磨制的情况不同，有的是先打制后磨制，而有的是双面磨，有的是单面磨；有的是精磨、有的是简单磨制等等。如"刀AT01④:12。利用扁薄的椭圆形河卵石作刀坯，一侧边双面稍加磨制，尚未开刃"（广西壮族自治区文物工作队、那坡县博物馆《广西那坡县感驮岩遗址发掘简报》，《考古》，2003年10期）。可见，是非常粗的磨制。总之，新石器时代石刀在磨制特征上是多种多样的。这是因为刀是实用器，所以功能化实际上也是多种多样的，因此打磨的方式也就多样化。

石刀 新石器时代

石刀 新石器时代

（3）从打制特征上鉴定

新石器时代石刀打制的情况有见，但在数量上没有磨制多。来看一则实例："石刀2件。采用页岩打制修理而成"（中国社会科学院考古研究所西藏工作队、西藏自治区文物管理委员会《西藏贡嘎县昌果沟新石器时代遗址》，《考古》，1999年4期）。新石器时代石刀多是石头的天然形态稍加修改打制而成，并没有形成过于规整的造型。在制作方法上也是如此，以容易制作为先导。因此有些石刀并不是非常精致。

石刀 新石器时代

（4）从造型上鉴定

新石器时代石刀在造型上比较复杂。如"新月形"（西昌市文物管理所《四川西昌市横栏山新石器时代遗址调查》，《考古》，1998年2期），这样的石刀造型实际上多倾向于半月形，但此种造型在新时期时代石刀中并不是最为常见。石刀"长方形"（中国社会科学院考古研究所河南第一工作队、河南省文物考古研究所、三门峡市文物工作队、灵宝市文物保护管理所《河南灵宝市北阳平遗址调查》，《考古》，1999年12期），这件由新石器时代中期遗址出土的石刀在造型上比较简单，长方体没有任何弧度。但是这种制作简单的长方体的造型，在工艺水平上也常常是参差不齐。来看一把较为精致的石刀："平面弧形"（中美两城地区联合考古队《山东日照市两城地区的考古调查》，《考古》，1997年1期）。这种弧形的石刀在造型上实际是比较复杂，难以制作，因为毕竟出现了平面弧形的概念，仅仅靠打制显然是不行的，而需要进行磨制。由此可见，新石器时代石刀在造型上显然是精细与粗略并存，但对于实用的石刀而言，主要还是以长方体的造型为主。当然石刀的造型还有很多，如扁方形、近方形等等。总之，石刀在器物造型上的特征是宽泛的，几乎可以囊括所有刀的造型。由此可见，新石器时代石刀在造型上进行着相当广泛地尝试，这一点在鉴定时应注意分辨。

长方形石刀 新石器时代

弧形石刀 新石器时代

（5）从刃部特征上鉴定

新石器时代石刀在刃部特征上特征比较明确，基本上石刀都有刃，这契合其实用的功能，未开刃的情况有见，但数量很少。来看一则实例："尚未开刃"（广西壮族自治区文物工作队、那坡县博物馆《广西那坡县感驮岩遗址发掘简报》，《考古》，2003年10期）。从形制上看，种类很多，来看一则实例："平刃"（北京大学考古学系、商丘地区文管会《河南夏邑县清凉山遗址1988年发掘简报》，《考古》，1997年11期）。这种刃部造型最为常见，是较为普通的一种刃部造型，在总量上有一定的量；弧刃的造型也是比较常见，来看一则实例："弧刃"（荆州市博物馆、石首市博物馆、武汉大学历史系考古专业《湖北石首市走马岭新石器时代遗址发掘简报》，《考古》，1998年4期）。当然弧刃的造型比平刃略微在制作难度上大一些，因此往往也较为精致。从单双面刃上看，新石器时代石刀在刃部特征上是多样化的，来看一件石刀："单面刃"（中美两城地区联合考古队《山东日照市两城地区的考古调查》，《考古》，1997年1期）。这件石刀是单面刃，估计可能是根据具体的功能需要而选择了单面有刃。当然更多的石刀是"双面刃"（山西大学历史系考古专业、忻州地区文物管理处、五台县博物馆《山西五台县阳白遗址发掘简报》，《考古》，1997年1期）。从锋利程度上看，以当代人的观点来看，新石器时代石刀的刃部通常都是比较钝的，可以手握携带都没有问题。但如果用新石器时代的视角来看，石刀刃部显然是可以实用的，只有个别的石刀比较钝。针对这一情况也来看一则实例："刃较钝"（深圳市文管会办公室、深圳市博物馆、南山区文管会办公室《深

长方形石刀 新石器时代

圳市南山向南村遗址的发掘》，《考古》，1997年6期）。但这显然是一件较为孤立的例子，并不占主流地位，因此新石器时代石刀在刃部锋利和钝上的节点，主要是取锋利与钝刃的中间部分，锋利和钝刃都很少见。从宽窄上看，新石器时代石刀刃部多数较窄，或者是略宽，如"刃稍宽"（苏州博物馆、昆山市文化局、千灯镇人民政府《江苏昆山市少卿山遗址的发掘》，《考古》，2000年4期）。由此可见，在新石器时代石刀在刃部造型及特征上显然还是比较原始，但我们仔细观察后可以发现，并不是当时的技术力量达不到，而是技术力量完全可以达到将刃部打磨得像我们现在一样的刀刃，如当时玉器之上的刃部打磨已经是很好的证明，但显然新石器时代人没有这样做，其主要原因应该是因为我们看到的这些不同造型种类的石刀都是为当时石刀的某一项具体功能而生的，实用是决定其造型的唯一因素。这一点我们在鉴定时应注意分辨。

（6）从背部特征上鉴定

新石器时代石刀背部特征上不多，但是真品石刀在背部往往能够看到一些制作时留下的痕迹，除特别精致的石刀外，很多时候可以看到："背部残存打坯时的疤痕"（河姆渡遗址博物馆考古调查组《浙江余姚市鲞架山新石器时代遗址调查》，《考古》，1997年1期）。当然这件石刀看得过于明显，一般情况下不会如此明显，需要仔细观察才能隐约地感觉到。另外，一些石刀还可以看到"背部打击点明显"（成

第一章 石器鉴定

双面刃石刀　新石器时代

石刀　新石器时代

都市文物考古工作队《四川崇州市双河史前城址试掘简报》,《考古》,2002年10期)。但像这样打击点过于明显而未打磨掉的石刀在新石器时代并不多见。在鉴定时要注意分辨。

（7）从孔部特征上鉴定

新石器时代石刀在孔部特征上有鲜明特征，石刀钻孔相当普遍。但并不是所有的石刀都钻孔，这一点来看一则实例："无孔"（中国社会科学院考古研究所河南第一工作队、河南省文物考古研究所、三门峡市文物工作队、灵宝市文物保护管理所、荆山黄帝陵管理所《河南灵宝市北阳平遗址试掘简报》，《考古》，2001年7期）。从钻孔方式上看，基本有两种，一是单面钻孔，二是双面对钻。来看一则实例："双孔为对钻而成"（北京大学考古学系、商丘地区文管会《河南夏邑县清凉山遗址1988年发掘简报》，《考古》，1997年11期）。从钻孔的部位上看，多数石刀是"中部有钻孔"（河南省文物考古研究所《河南孟县许村新石器时代遗址》，《考古》，1999年2期）。这一点从发掘出土的大量器物上可以看到。从数量特征上看，新石器时代石刀在数量上不一，有单孔，同时也有双孔，另外还有三孔的情况，总之在孔部特征上没有固定化趋势，呈现出较为随意的特征。

长方形石刀　新石器时代

对钻双孔石刀　新石器时代

（8）从石料上鉴定

新石器时代石刀石质特征较明显，常见的是变质岩。来看一则实例："变质岩"（青阳县文管所陶能生《安徽青阳县中平遗址调查》，《考古》，1997年11期）。

石刀 新石器时代

显然这不是孤例,而是有很多这样的实例,这种岩石在我国的许多地方都有,看来石刀的制作没有太多的讲究,显然是就地取材。另外,砂岩的数量也比较多,如"砂岩"(南京博物院、镇江博物馆《江苏镇江市左湖遗址发掘简报》,《考古》,2000年4期)原。这件实例也较为常见。这是一种较为坚硬的石头,其他并无过于明显的特征。这再次印证了新石器时代石刀在岩石的使用上比较多样化和随意化。另外,如辉长岩、粉砂岩等都常见,鉴定时应注意分辨。

(9)从手感上鉴定

新石器时代石刀在手感上主要有两种情况,一种是打磨而使石刀细腻,二是石料本身较为细腻。来看一则实例:"质地较为细腻"(山东大学考古系、淄博市文物局、沂源县文管所《山东沂源县姑子坪遗址的发掘》,《考古》,2003年1期)。这并不是一则孤例,但这样的例子也并不常见,自然界中大多数石质都是粗糙的,而石刀由于实用性强,而且数量多,所以应该并不是有意选择的结果。其次来看打磨致使石刀表面光滑的情况,石刀不是玉器,只是人们日常生活当中的普通用具,所以制作者不可能像打磨玉器那样来打磨石刀，通体被打磨的石刀数量很少，就连刃部有的也只是单面打磨，因此光滑如玉的石刀只是偶见，但目前市场上抛售的仿古石刀，多数都是打磨光滑的。鉴定时应注意分辨。

手感细腻的石刀 新石器时代

局部打磨的石刀 新石器时代

（10）从色彩特征上鉴定

新石器时代石刀在色彩上特征比较明显，色彩众多是其显著特征。

紫红色 紫红色的石刀在新石器时代较为常见，已成为新石器时代石器中一道亮丽的风景线。"紫红色"（中国社会科学院考古研究所河南一队、河南省文物考古研究所、三门峡市文物工作队、灵宝市文物保护管理所、荆山黄帝陵管理所《河南灵宝市西坡遗址试掘简报》，《考古》，2001年11期）原，这种石刀在新石器时代中期最为常见，特别是在仰韶文化中，显然是当时人们追求器物精致化程度的产物。看来色彩在新石器时代也能成为一种精致程度的标志，这一点在鉴定时应注意分辨。

紫红色石刀 新石器时代

红色 红色的石刀很少见，而且新石器时代石刀的红色往往所指的不是石刀本身，而是一种彩绘，来看一则实例："红色彩绘"（上海博物馆考古研究部《上海金山区亭林遗址1988、1990年良渚文化墓葬的发掘》，《考古》，2002年10期）。这种红色彩绘的石刀在新石器时代并不常见，主要是在古拙玉器文明较为发达的地区确有出现，如良渚文化遗址中就有，但在玉器文明相对落后的中原地区很少见，从总量上看也不多。由此也可见，红色石刀多具有象征性意义，有向玉器演化的浓郁特征。

灰色 新石器时代灰色是石刀的主流色调，这一点显而易见。来看一则实例："灰色"（苏州博物馆、昆山市文化局、千灯镇人民政府《江苏昆山市少卿山遗址的发掘》，《考古》，2000年4期）。像这样的例子非常常见，在全国各地几乎是不分地域特征均有，在总量上有相当的量，其原因很简单，因为灰色的石料很多，再次说明了新石器时代石刀在石料上"就地取材"的显著特征。在鉴定时应注意分辨。

褐色 "褐色"（湖北省文物考古研究所三峡考古队《湖北秭归县庙坪遗址

1995年试掘简报》，《考古》，1999年1期）。但这样的石刀在总量上不占据主流地位，从各个地区的石料情况来看，褐色的石料也不是太多。

淡绿色 "淡绿色"（巴林右旗博物馆朝格巴图《内蒙古巴林右旗查日斯台嘎查遗址的调查》，《考古》，2002年8期）原，当然这并不是一个特例，也不存在地域性特征，在全国各地都有出现，只是在数量上不是很多。此种石质显然有些玉质的成分，可见新石器时代还是讲究一些对于石质的选择的，特别是对于色彩的选择，这一点在鉴定时应注意分辨。

浅青色 新石器时代浅青色的石质经常有见，来看一则实例："浅青色"（成都市文物考古工作队《四川崇州市双河史前城址试掘简报》，《考古》，2002年10期）。这类石刀新石器时代非常多，并没有过于复杂性特征。

灰黑色 新石器时代灰黑色石质的石刀看到的不是很多。可能是这类石头在中原地区并不是特别常见，而主要是在一些地区在流行，来看一则实例：石刀"灰黑色"（广西壮族自治区文物工作队、那坡县博物馆《广西那坡县感驮岩遗址发掘简报》，《考古》，2003年10期）。像这样的例子在当地很常见，基本上也是就地取材，并不是经过长途跋涉运输而来。

青灰色石刀　新石器时代

青灰色 新石器时代青灰色的石刀最为常见，这是一种集合了青色与灰色组合而成的色彩，是大自然的杰作，在全国各地都十分常见，特别是中原地区更常见，而且数量众多。来看一则实例："青灰色"（河南省文物考古研究所《河南孟县许村新石器时代遗址》，《考古》，

青灰色石刀　新石器时代

1999年2期)。这不是一个特例,而是相当普遍,这一点在鉴定时应注意分辨。

总之,新石器时代石刀在色彩上十分丰富,几乎涉及各个地区经常可以看到的各种石质的色彩。由此可见,石刀色彩是看起来繁多、复杂,其实简单,总结起来就是八个字:"取材当地,制作随意"。鉴定时我们应注意分辨。另外在串色与偏色的问题上比较复杂,串色、偏色均较为严重,但基本上都是局部出现,一般情况下不涉及器物全身,这一点在鉴定时也应注意分辨。再者从概念上看,新石器时代石刀如此众多的色彩显然并不是真正与色版一样的色彩,而只是视觉上的盛宴,以视觉为判断标准,鉴定时应注意。

(11)从完残特征上鉴定

新石器时代石刀在完残特征上一般情况较好,多数石刀在历经数千年的岁月风霜洗礼后依然完好。即使残缺多数情况也不是很严重,主体石刀的部分基本都保留了下来,这一点在鉴定时应注意分辨。残缺的情况来看一则实例:"一侧残"(中美两城地区联合考古队《山东日照市两城地区的考古调查》,《考古》,1997年1期)。由此可见,这件器物残缺的部位是一侧残,显然是一件残缺较为严重的器皿,通常情况下残缺的程度都比这则实例要轻。但也有残缺更为严重的情况:"已风化残碎"(中国社会科学院考古研究所甘青工作队、青海省文物考古研究所《青海民和县喇家遗址2000年发掘简报》,《考古》,2002年12期)。由此可见,这件器物残缺的严重程度,当然更多的情况是刃部有残缺等。总之在残缺部位上是多种多样,而且比斧、锛等较厚的石器残缺要严重,这一点在鉴定时应注意分辨。

(12)从长度特征上鉴定

新石器时代石刀长度特征较为明显,大小不一是其显著特征。来看一则实例:石刀"长6.7厘米"(广西壮族自治区文物工作队、那坡县博物馆《广西那坡县感驮岩遗址发掘简报》,《考古》,2003年10期)。这样器皿很常见,可以说各个地区都有见,小于或大于它的石刀也都大量存在。再来看一则实例:石刀"长12.8厘米"(河南省文物考古研究所《河南辉县市孟庄龙山文化遗址发掘简报》,2000年第3期)。这件石刀的大小与上例相比可谓是长得太多了,几乎是倍数了,这反映出新

杂项 收|藏|入|门|百|科

轻微残缺石刀 新石器时代

石器时代石刀在长度特征上差异性的确较大，但是令人意想不到的事情是，"长24.2厘米"（上海博物馆考古研究部《上海金山区亭林遗址1988、1990年良渚文化墓葬的发掘》，《考古》，2002年10期）。由此可见，这件石刀的长度更长，与我们现在使用的刀基本没有太大的差别，与前两个例子可以说是差异巨大。当然比这

青灰色石刀 新石器时代

大的石刀还有出现，由此可见，新石器时代的石刀确是大小不一，应该是主要根据功能而定，功能需要有多大的石刀，就会出现多长石刀造型，看来当时刀的大致长度还没有固定化，这一点在鉴定时应注意分辨。

（13）从宽度特征上鉴定

新石器时代石刀的宽度特征比较复杂，也是宽窄相济，各自都有。先来看一件比较宽的石刀："高15.8厘米"（上海博物馆考古研究部《上海金山区亭林遗址1988、1990年良渚文化墓葬的发掘》，《考古》，2002年10期）。由此可见，这件石刀确是非常宽，甚至比我们现在的刀都要宽许多，这样宽度的刀非常有力度，在当时一定具有相当地实用价值。但同时比这件石刀窄得多的造型也有，来看一则实例：石刀"宽2.7厘米"（深圳市文管会办公室、深圳市博物馆、南山区文管会办公室《深圳市南山向南村遗址的发掘》，《考古》，1997年6期）。显然以上两件实例之间的差距很大，由此可见，新石器时代石刀在宽度特征上确是区间拉的比较大，而且大于和小于上例尺寸的情况都有，只是数量不太多而已，鉴定时应注意分辨。

石刀 新石器时代

（14）从厚度特征上鉴定

新石器时代石刀在厚度特征上是比较明显，由于长度和宽度差异较大，这也注定了石刀在厚度特征上必然是差异性较大，因为只有这样才能承载大小不一的石刀的实用价值。来看几则实例：石刀"厚0.5厘米"（中国社会科学院考古研究所甘青工作队、青海省文物考古研究所《青海民和县胡李家遗址的发掘》，《考古》，2001年1期）。但这样的例子实际上并不是很厚。再来看一件石刀的厚度："厚2.2厘米"（成都市文物考古工作队《四川崇州市双河史前城址试掘简报》，《考古》，2002年10期）。由此可见，这件石刀的厚度是上件实例的4倍还多，可见差异性之大，总之新石器时代石刀为了保证其实用性，所以在厚度特征上以厚为主，很少见到像玉器一样过于薄的石刀。这一点在鉴定时应注意分辨。

石刀 新石器时代

3. 石铲

（1）从件数特征上鉴定

石铲是新石器时代的主流器物造型之一，墓葬和遗址内都有见，主要以遗址出土为多，件数从1~10件不等，可见在总量上有一定的量。不过可以看到新石器时代石铲在件数特征上的确是差异性比较大，来看一则实例："铲1件"（山东省博物馆，于秋伟、赵文俊《山东沂南县发现一组玉、石器》，《考古》，1998年3期）。再来看一则实例："铲13件"（中国社会科学院考古研究所山西队《山西垣曲县小赵新石器时代遗址的试掘》，《考古》，1998年4期）。由此可见，第二件实例是第一件的13倍，也可以看到新石器时代石铲在件数特征上范围较大。

石铲 新石器时代

（2）从磨制特征上鉴定

新石器时代石铲磨制特征很明显，大多数石铲经过磨制。来看一则实例：石铲"磨制"（中国社会科学院考古研究所湖北队《湖北枣阳市雕龙碑遗

通体磨光石铲 新石器时代

址15号房址》，《考古》，2000年3期）。这与石铲的造型及功能性特征关系密切，正是因为石铲变薄而更有力的造型，使大多数真正实用的石铲需要不同程度的磨制。"上部折断后重新磨制使用所致"（中国社会科学院考古研究所湖北队《湖北枣阳市雕龙碑遗址15号房址》，《考古》，2000年3期）。由这件实例可以很清楚地看到新石器时代石铲在实用的过程当中是需要磨制的，不然也不会在上部折断后又重新磨制。另外，在磨制方式上石铲并不像玉铲那样精益求精，通体磨光，作为实用器具也没有这个必要，因此石铲在很多情况下是"上端琢制，中部以下磨制"（郑州市文物工作队、巩义市文物管理所《河南巩义市瓦窑嘴新石器时代遗址的发掘》，《考古》，1999年11期）。这种情况较为常见，但更多的是局部磨制，在新石器时代显然是主流，鉴定时应注意分辨。

（3）从打制特征上鉴定

新石器时代石铲完全是由打制而成的情况不是很常见，因为扁平的石铲造型仅仅是打制有些困难，但打制与磨制并举来制作石铲的情况却很常见。来看一则实例：石铲"边缘打制整齐"（中国社会科学院考古研究所山西队《山西垣曲县小赵新石器时代遗址的试掘》，《考古》，1998年4期）。由此可见，新石器时代石铲的确有局部打制的情况。当然还有更为特殊的情况，来看实例：石铲"只打制一面"（中国社会科学院考古研究所山西队《山西垣曲县小赵新石器时代遗址的试掘》，《考古》，1998年4期）。这件石铲实际上只磨制了一面，另一面完全打制，但这种情况并不是很常见，在当时可能是为了适应某种特殊功能而制作的。当然打制的方式是多种多样，比较多见的还有"打制出双肩"（山西大学历史系考古专业《山西襄汾县丁村曲舌头新石器时代遗址发掘简报》，《考古》2002年4期）。该实例再次印证了打制与磨制并举的历史信息，鉴定时应注意分辨。

打制石铲　新石器时代

（4）从造型上鉴定

新石器时代石铲在造型上比较复杂，实用的功能造就了石铲造型多样化的特点，以适应新石器时代不断发展的日益增加的功能需求，具体我们来看一下。

长方形 长方形的造型是新石器时代石铲的基本造型，数量相当多，可以说占据主流地位。来看一则实例：石铲"长方形"（中美两城地区联合考古队《山东日照市两城地区的考古调查》，《考古》，1997年1期）。但显然长方形的造型对于新石器时代的石铲来讲只是一个笼统的概念，并不是几何意义上的长方形造型，而只是视觉上的概念，以视觉为判断标准。一般情况下四角都有弧度，只是弧度大小以及程度不同而已。而且还有比较大的一些造型衍生，如长条形的造型，实际上从本质上分析显然是长方形的。再如亚腰形的造型也十分常见，如石铲"亚腰"（中国社会科学院考古研究所山西队、山西临汾行署文化局《山西襄汾县陶寺遗址Ⅱ区居住址

近长方形石铲 新石器时代

1999～2000年发掘简报》，《考古》，2003年3期）。这件石铲整体造型依然是长方形，只是产生了亚腰的情况，所以从本质上讲亚腰的造型显然属于长方形造型的一种衍生性造型，但是这种造型不是很多，因为有一定的难度，但技术含量比较高，因为亚腰的造型从力学角度上看可以有效地降低打击重物所带来的冲击力。这一技术在秦代铜剑上被使用的淋漓尽致，青铜剑由不同的微小甚至我们视觉很难觉察到的亚腰节状组成，这样的铜剑锋利无比，百折而不断。另外，新石器时代石铲的造型还有板状造型，来看一则实例：石铲"板状"（中国社会科学院考古研究所山西队《山西垣曲县小赵新石器时代遗址的试掘》，《考古》，1998年4期）。仔细分析可以看到实际上板状的造型也是长方形的一个变种，这一点显而易见，在鉴定时应注意分辨。

梯形 梯形石铲在新石器时代常见，墓葬和遗址中都有发现，以遗址出土为显著特征。来看一则实例：石铲"梯形"（中国社会科学院考古研究所山西队、山西临汾行署文化局《山西襄汾县陶寺遗址Ⅱ区居住址1999～2000年发掘简报》，《考古》，2003年3期）。由此可见，梯形的石铲在新石器时代确是十分常见，仅次于长方形造型。梯形石铲从力学角度上看非常有力度，它比扁平状的长方形造型更加具有力度，这可能是为了适用某些特别需要有力度的耕种需要而制作的。

石铲 新石器时代

椭圆形 新石器时代椭圆形的石铲造型有出现，来看一则实例：石铲"椭圆形"（中国社会科学院考古研究所山西队《山西垣曲县小赵新石器时代遗址的试掘》，《考古》，1998年4期）。但椭圆形的石铲在总量上不是很多，显然这种零星出现的石铲造型只是新石器时代人们对以石铲器物造型的一种尝试，但最终这种石铲由于在实用中并不是很好，所以并未发展成为石铲的主流造型之一。

舌形 新石器时代石铲的造型异常丰富，还有一种酷似舌头的造型，来看一则实例：石铲"舌形"（河南省文物考古研究所《河南新安县西沃遗址发掘简报》，《考古》，1999年8期）。由此可见，新石器时代人们对石铲造型的尝试和研究达到了相当高的水平，现在来看这种造型可能觉得很平常，但在它被发明的过程当中一定有着相当多的探索。从力学的角度上看舌形是最有力和最好使用的造型之一，而

石铲 新石器时代

这一点显然被新石器时代的劳动人民所发现，所以制作出了犹如舌头一般的石铲造型，可以有效解决石铲的折断问题，因此从新石器时代石铲的造型，可以看到新石器时代到处都有人类文明的曙光。

以上只是较为典型的几种造型，石铲作为人们日常生活当中常用的器具，和标志新石器时代人类文明向"刀耕火种"迈进的见证物，其造型实际上是非常多的，在这些造型里也包含着诸多的先进思想元素，这些在鉴定时应注意分辨。

（5）从刃部特征上鉴定

新石器时代石铲刃部造型和特征都是十分复杂，但这些特征经过梳理后又都相当明确，其主线索显然是实用功能，一切都是为了适用石铲的实用需要而形成，这一点在鉴定时应引起注意，具体如下：

平刃 平刃的造型在新石器时代比较常见，来看一则实例：石铲"宽平刃"（北京大学考古学系、商丘地区文管会《河南夏邑县清凉山遗址1988年发掘简报》，《考古》，1997年11期）。平直的刃部显然是因为石铲的具体功能，这种造型的石铲对于耕种比较有效，因此在总量上也是最大，遗址中基本都有出土，同时在制作难度也较低，这也是其数量较多的原因之一。鉴定时应注意分辨。

弧刃 弧刃的石铲新石器时代常见，但数量显然不及平刃多。弧刃石铲在造型上有相当的难度，因为石质并不是制作铲的最好材质，脆性比较大，在比较薄的时候

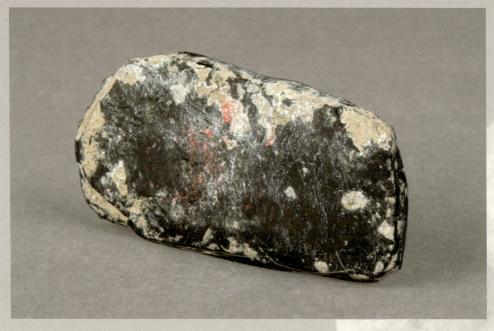

弧刃石铲 新石器时代

容易折断,所以必须要有一定的力学知识才能够制作出弧刃的石铲,而且是具有实用功能的弧刃石铲。来看一则实例:石铲"弧刃"(中美两城地区联合考古队《山东日照市两城地区的考古调查》,《考古》,1997年1期)。但真正弧度很大的石铲在新石器时代并不常见,只在玉铲上有见,因为石铲毕竟是实用器具,它的造型在达到实用功能后就不会再继续前进了,因此从实用器上看技术水平,往往不是新石器时代最高的技术水平,这一点在鉴定时应注意分辨。所以,一般情况下新石器时代石铲在弧刃上的表现多是微弧,如"刃部略弧"(中国社会科学院考古研究所山西队、山西临汾行署文化局《山西襄汾县陶寺遗址Ⅱ区居住址1999～2000年发掘简报》,《考古》,2003年3期)。这并不是一则孤例,有很多像这样的石铲,就不再赘举。

单双面刃 新石器时代石铲刃部单双面的造型无疑只有两种,一种是单面,另一种是双面。先来看一件双面刃的造型:石铲"双面刃"(中国社会科学院考古研究所河南一队、河南省文物考古研究所、三门峡市文物工作队、灵宝市文物保护管理所、荆山黄帝陵管理所《河南灵宝市西坡遗址试掘简报》,《考古》,2001年11期)。这种情况很常见,可以说是新石器时代石铲的主流,由此可见,刃部对于新石器时代的石铲来讲十分重要,但显然双面刃在技术和制作难度上都比单面刃大一些。再来看单面刃:石铲"单面刃"(山东大学考古系、淄博市文物局、沂源县文管所《山东沂源县姑子坪遗址的发掘》,《考古》,2003年1期)。石铲单面刃的情况也较常见,从制作难度上看,单面刃显然比双面刃制作难度低,同时更节省人力,但从数量上看,单面刃的石铲却不及双面刃,这再次印证了新石器时代在造型的选择上不是以技术难度高低为标准,而是以实用的需要为标准,看来在新石器时代需要实用双面刃石铲的功能一定很迫切,鉴定时应注意分析这些特征。

弧刃石铲双面刃造型 新石器时代

锋利程度 新石器时代石铲在刃部的锋利程度上特征明确,相对于石铲的造型来讲刃部十分锋利。来看一则实例:石铲"刃部锋利"(郑州市文物工作队、巩义市文物管理所《河南巩义市瓦窑嘴新石器时代遗址的发掘》,《考古》,1999年11期)。但这一概念显然是相对的,因为相对于刀的刃部锋利程度,或者是玉铲的锋利程度,那么石铲在刃部锋利程度可以说是非常钝,但是对于石铲的功能和造型来讲,石铲的锋利程度足够了,这种辩证关系在鉴定时应能清楚。

使用痕迹 新石器时代石铲显然是实用的,所以在石铲上会留下各种各样的使用痕迹,这一点是显而易见的,来看一则实例:石铲"刃部有明显的使用痕迹"(山东大学考古系、淄博市文物局、沂源县文管所《山东沂源县姑子坪遗址的发掘》,《考古》,2003年1期)。这一则实例具有普遍意义,几乎所有的石铲都是使用过的,没有使用过的石铲是特例。这是一个很重要的鉴定依据,因为在现在古玩市场上有很多石铲造型、石质等基本上和新石器时代是一样的,显然石铲是容易模仿的,但唯独模仿不了的是其曾经在新石器时代里的使用痕迹,可以看到市场上有很多石

双面刃石铲 新石器时代

铲基本上不进行使用痕迹的做旧，看上去都是光洁的，像这种低仿品，我们立即就可以判定为伪器，这一点在鉴定时应注意分辨。在鉴定时还要注意新石器时代石铲具体的一些使用痕迹，来看一则实例：石铲"刃部有崩损痕迹"（中美两城地区联合考古队《山东日照市两城地区的考古调查》，《考

刃部较锋利石铲 新石器时代

古》，1997年1期）。这是新石器时代石铲上比较常见的一种痕迹，但却不是唯一的痕迹，实例枚举不尽，所以图书在鉴定时的作用始终只是辅助的、引导性的，而真正的鉴定一定需要读者不断地进行细心地观测。

（6）从顶部特征上鉴定

新石器时代石铲在顶部特征上十分明确，从造型上看主要以窄顶和平顶为显著特征，先来看一则实例：石铲"窄顶"（北京大学考古学系、商丘地区文管会《河南夏邑县清凉山遗址1988年发掘简报》，《考古》，1997年11期）。由此可见，这件石铲的顶部造型较窄，从数量上看这种顶部造型较狭的造型占据主流地位，其原因很简单，显然石铲的顶部只是起到一个器物造型尽头及固定的作用，不必要制作得很宽大，这样会耗费很大的精力。再来看平顶，平顶的造型在新石器时代占据绝对主流地位，来看一则实例："平顶"（山西大学历史系考古专业、忻州地区文物管理处、五台县博物馆《山西五台县阳白遗址发掘简报》，《考古》，1997年1期）。总的情况来看这样的实例很多，基本上所有的石铲在顶部造型上都是平顶的，但是这种平顶不是几何意义上的水平，没有新石器时代石铲的顶部能够达到水平，而只是大致上的、视觉意义上的盛宴，这一点在鉴定时应注意分辨。从顶部痕迹上看，主要有两种，一是制作痕迹，二是使用痕迹，制作痕迹有时表现得很明显，来

看一则实例：石铲"顶及两侧留有交互打制痕迹"（中国社会科学院考古研究所内蒙古工作队《内蒙古敖汉旗兴隆洼聚落遗址1992年发掘简报》，《考古》，1997年1期）。看来石铲在顶部制作上经常采取的是打制的方式，因为这样比较方便，但这则实例并不是鉴定的标准，实际上各种各样的顶部制作痕迹特征都有，在鉴定时应注意；而顶部的使用痕迹，一般情况下不是很清晰，原因很简单，就是当时固定用的绳子等很难对石铲的顶部石质造成磨损，但有磨损情况的石铲也有，来看一则实例：石铲"顶至刃两侧有明显磨损痕迹"（山西大学历史系考古专业《山西襄汾县丁

石铲 新石器时代

窄顶石铲 新石器时代

村曲舌头新石器时代遗址发掘简报》，《考古》，2002年4期）。由此可见，石铲在顶部特征上有时也具有相当程度地磨损，但这种磨损性不固定，具有偶发性，主要取决于新石器时代使用它的人究竟用什么来固定石铲。另外，从顶部的厚薄特征上看，新石器时代石铲的顶部通常情况下都比较厚，来看一则实例：石铲"顶部较厚"（滦平县博物馆，马清鹏《河北滦平县药王庙梁遗址调查》，《考古》，1998年2期）。这并不是一个特别的例子，而是具有普遍性，其原因很简单，是因为石铲的实用性，如果过薄的顶部很有可能会产生断裂，所以一般情况下石铲在顶部特征上都是比较厚的，这一点在鉴定时应注意分辨。

（7）从孔部特征上鉴定

新石器时代石铲在孔部特征上具有鲜明特征，钻孔的方式多样化，孔的造型以圆形为主，其他造型为辅助，孔在功能上对于石铲而言非常重要，起着主要固定铲的功能，因此石铲十分重视孔的造型，这一点在鉴定时应注意，具体来看。

数量 新石器时代石铲在数量特征上十分明确，基本上以单孔为显著特征，双孔的情况也有，来看一则实例：石铲"中部有圆孔，两面钻成"（山东省文物考古研究所、东营市博物馆《山东广饶县傅家遗址的发掘》，《考古》，2002年9期）。由此可见，该石铲是一个单孔，这种情况十分常见，可以说占据石铲孔部数量特征的主流。两个孔的情况也有见，如，石铲"对钻两孔"（章丘市博物馆《山东章丘市焦家遗址调查》，《考古》，1998年6期）。但这样的实例并不常见，由此可见，石铲双孔的情况显然属于少数，其原因是单孔足以固定牢固，所以基本上没有必要在石铲上再钻更多的孔，这一点在鉴定时应注意。

单孔石铲 新石器时代

无孔 新石器时代石铲之上无孔的造型也有，来看一则实例："无孔"（中国社会科学院考古研究所湖北队《湖北枣阳市雕龙碑遗址15号房址》，《考古》，2000年3期）。这样的造型并不多见，因为它与石铲实用的功能是相悖的，有可能是特殊的功能所导致，或是还没有进行钻孔的未成品，鉴定时应注意分辨。

钻孔部位 新石器时代石铲在钻孔部位上特征明晰，来看一则实例：石铲"中孔"（河南省文物考古研究所《河南鹿邑县武庄遗址的发掘》，《考古》，2002年3期）。这件实例特征明确，就是中部有钻孔，显然这个位置较为适合石铲钻孔，同时也适

杂项

无孔石铲 新石器时代

于实用的需要，所以像这样的实例很多，在鉴定时应注意分辨。但石铲钻孔的部位特征实际上在新石器时代并没有特别的定式，只要不影响实用的功能，一般情况下只是大致在一个位置，而这个位置并不是绝对化的，关于这一点来看一则实例："中部偏上有两面对钻的圆孔一个，上端中部有残留的钻孔痕迹"（中国社会科学院考古研究所湖北队《湖北枣阳市雕龙碑遗址15号房址》，《考古》，2000年3期）。由此可见，这件石铲最初是想在中部钻孔，但最后又移动到中部偏上位置，可见钻孔的位置在新石器时代石铲上随意性还是比较大的，但数量最多的依然是中上部有孔，鉴定时应注意分辨。

钻孔方式 新石器时代石铲在钻孔的方式上也各有不同，但主要集中在两点上，一是单面钻孔，二是双面钻孔。来看一件单面钻孔的实例：石铲"单面钻孔"（章丘市博物馆《山东章丘市焦家遗址调查》，《考古》，1998年6期）。这件器皿并不是孤例，而是有很多这样的情况，单面钻孔应该是比较节省时间，但是技术比较

单孔石铲 新石器时代

单面钻孔石铲 新石器时代

复杂，钻孔是制作石铲是否成功的重要环节，因为石铲比较薄，一般情况下都是在钻孔的时候出现问题，而成为残次品，但不钻孔又不能使用。再来看一则双面钻孔的实例："对钻圆孔"（北京大学考古学系、商丘地区文管会《河南夏邑县清凉山遗址1988年发掘简报》，《考古》，1997年11期）。这件双面钻孔的器皿也不是孤例，同样也是相当具有普遍性，可以说从数量上应该比单面钻孔的情况还多，这说明新石器时代人们对于石铲钻孔还是比较重视，而且采取了较为保守的钻孔方法，鉴定时这点要注意分辨。

造型 新石器时代石铲在孔部造型上特征比较明确，以圆孔为显著特征，来看一则实例："圆孔"（山东大学考古系、淄博市文物局、沂源县文管所《山东沂源县姑子坪遗址的发掘》，《考古》，2003年1期）。这绝不是一个孤例，而是绝大多数新石器时代的石铲为圆形钻孔，当然这不是因为圆形美观的原因，而是因为圆形的造型缓冲力比较大，不至于对绳子等磨损太大，所以新石器时代石铲基本上都选择的是圆孔，而且打磨较为细致，但显然新石器时代石铲的孔部造型只需要达到实用的功能就可以了，并不是真正意义上的正圆形，完全是视觉上的盛宴，以视觉为判断标准。而且造型的衍生性也较明显，来看一则实例："半圆孔"（河姆渡遗址博物馆考古调查组《浙江余姚市叆架山新石器时代遗址调查》，《考古》，1997年1期）。这样的造型同样实用，因此它是存在的，但数量极少，看来这种造型一定是在某些地方不适合实用的功能，所以没有流行开来。另外，在造型上石铲还表现出突破圆形的一些特征，来看一则实例："宽扁穿孔"（湖南省文物考古研究所《湖南安乡县划城岗遗址第二次发掘简报》，《考古》，2001年4期）。由此可见，新石器时代石铲在孔部造型上的确是多样化的，鉴定时应注意分辨。

第一章 石器鉴定

（8）从石料上鉴定

新石器时代石铲在造型上特征比较清晰，各种各样的石料都有见。来看一则实例：石铲"石灰岩"（山东省文物考古研究所鲁中南考古队、沂水县博物馆《山东沂水县城北郊新石器时代遗址发掘》，2002 年第 1 期）。另外还有"青色泥岩"（山西大学历史系考古专业、忻州地区文物管理处、五台县博物馆《山西五台县阳白遗址发掘简报》，《考古》，1997 年 1 期）。总之都是一些较为坚硬的岩石，这些石料具有易得性的特点，从各地石铲的发掘来看，基本上都是就地取材，长途运输而来的石料进行加工的情况不常见，其他并无过于复杂的特征，鉴定时应注意分辨。

圆孔石铲 新石器时代

石铲 新石器时代

（9）从手感上鉴定

新石器时代石铲在手感上特征明显，以光滑为显著特征，绝大多数石铲手感光滑。来看一则实例：石铲"光滑"（山东省文物考古研究所鲁中南考古队、沂水县博物馆《山东沂水县城北郊新石器时代遗址发掘》，2002 年第 1 期）。这样的实例并不鲜见，再来看一件实例，"表面光滑"（河南省文物考古研究所《河南辉县市孟庄龙山文化遗址发掘简报》，2000 年第 3 期）。这与石铲的功能有密切关联，如锄耕需要光滑的质地，这样可以有效减少阻力，因此磨光显然是石铲在制作工序上的重要一环，鉴定时应注意分辨。

手感细腻的石铲 新石器时代

(10) 从色彩特征上鉴定

新石器时代石铲在色彩上特征比较明显，色彩众多是其显著特征。来看一则实例：石铲"浅褐色"（中国社会科学院考古研究所内蒙古工作队、呼伦贝尔盟民族博物馆《内蒙古海拉尔市团结遗址的调查》，《考古》，2001年5期）。但这种色彩并不常见，起码说在色彩并不能占据主流地位。再来看一件石铲："青色泥岩"（山西大学历史系考古专业、忻州地区文物管理处、五台县博物馆《山西五台县阳白遗址发掘简报》，《考古》，1997年1期）。这种青色的泥岩常见，特别是晋南地区经常有见。总的情况是新石器时代石铲在色彩上是丰富多彩的，但地域性特征有一些，以就地取材为显著特征。对比新石器时代时代石铲的诸多色彩，通常情况下青灰色在总量上略占上风，来看一则实例：石铲"青灰色砂岩"（湖南省文物考古研究所《湖南湘潭县堆子岭新石器时代遗址》，《考古》，2000年1期）。全国各地基本上都

斑杂色石铲 新石器时代

发现了这种青灰色石质的石铲,其他并无过于复杂的特征。

(11) 从完残特征上鉴定

新石器时代石铲在完残特征上并不是很好,可以说有很多石铲都是残器。这有两个原因,一是在新石器时代由于是实用器皿,所以磕磕碰碰是很自然的事情,石铲从产生到消亡的最终结局就是发生残缺而不能使用,因而才被原始人弃之不用,但是这种残缺一般情况下不是很严重。二是在后来保存环境中受损,其原因很简单,因为主要是保存在遗址中,直接叠压在土壤下,在这种情况下往往会出现残缺的情况,而其残缺的有时较为严重。总之新石器时代石铲在残缺的部位上是各种各样,总结各种残缺特征,较为严重的情况,经常残缺的部位有两点,一是上端残或者残缺,二是刃部残。来看一则实例:石铲"上端残"(中美两城地区联合考古队《山东日照市两城地区的考古调查》,《考古》,1997年1期)。实际上这并不是一个非常鲜见的例子，而是有很多这样的实例，在鉴定时应注意分辨。另外，刃部残缺的情况最为常见，来看一则实例：石铲"刃残"（章丘市博物馆《山东章丘市焦家遗址调查》，《考古》，1998年6期）。因为无论在使用过程中还是在后来的保存环境中都有可能会出现刃部有残的情况，这一点在鉴定时应注意分辨。

石铲 新石器时代

（12）从长度特征上鉴定

新石器时代石铲在长度特征上比较明确，大小不一是其显著特征，各种各样的石铲都有见，来看一则实例：石铲"残长23厘米"（中国社会科学院考古研究所山西队《山西垣曲县小赵新石器时代遗址的试掘》，《考古》，1998年4期）。

顶部打磨痕迹明显的石铲 新石器时代

显然这是一件较为大的石铲，石铲非常长，由此也可以想象到这才是新石器时代人们生活当中真正在实用着的铲，正是它们支撑了新石器时代生产力的发展以及人们的生活，当然在发掘中大于或是小于这样的石铲都有见，再来看一则实例：石铲"长6.5厘米"（山西大学历史系考古专业、忻州地区文物管理处、五台县博物馆《山西五台县阳白遗址发掘简报》，《考古》，1997年1期）。这是一件较小石铲，这样的石铲显然与大石铲有着不同的用途。可以看到新石器时代石铲在长度特征的区间上的确是相当的大，鉴定时应注意分辨。

（13）从宽度特征上鉴定

石铲的宽度特征比较明确，也是大小不一，其实长度特征的大小不一已经注定

第一章 石器鉴定

较宽石铲 新石器时代

了其宽度特征也是大小不一。来看一则实例：石铲"宽20厘米"（中国社会科学院考古研究所山西队《山西垣曲县小赵新石器时代遗址的试掘》，《考古》，1998年4期）。显然这是石铲当中比较宽的造型，不过从数量上看这种宽度的石铲并不是特别多，而是数量极为有限，宽度特征较多的依次向下的特征，直至很小的尺寸特征，来看一则实例：石铲"宽3.7厘米"（山西大学历史系考古专业、忻州地区文物管理处、五台县博物馆《山西五台县阳白遗址发掘简报》，《考古》，1997年1期）。这把石铲小到用手都很难拿捏的地步，看来新石器时代石铲在宽度特征上的区间也是非常之大。由此也可以窥视到新石器时代石铲在功能特征上是多么丰富。

（14）从厚度特征上鉴定

新石器时代石铲在厚度特征上比较复杂，相互之间的差距也是巨大的，倍数的特征常见。来看一则实例：石铲"厚2.7厘米"（中国社会科学院考古研究所山西队《山西垣曲县小赵新石器时代遗址的试掘》，《考古》，1998年4期）。这件石铲的厚度应该是石铲当中比较厚的了，与之相匹配的长度和宽度也必然是非常大，如果在鉴定中发现有不是很匹配的情况，应考虑到是伪器的可能性。但显然大于或小

49

石铲 新石器时代

于这一尺寸特征的情况在新石器时代石铲中十分常见,再来看一则实例:石铲"厚 0.6 厘米"(中国社会科学院考古研究所甘青工作队、青海省文物考古研究所《青海民和县胡李家遗址的发掘》,《考古》,2001 年 1 期)。由此可以看到这件器皿的厚度真的是很小,因为石铲是真正要实用的,所以这样的厚度已经是很难承载重击,唯一的可能就是与之相匹配的长度和宽度都小,这一点显而易见,同时也是我们在鉴定中应特别注意到的问题,可见石铲在厚度尺寸特征上的区间也比较大,鉴定时应注意分辨。

石铲 新石器时代

（15）从孔径特征上鉴定

新石器时代石铲在孔径特征上比较简单，特征较为单一化，来看两则不同地区的实例：石铲"孔径约 1.7 厘米"（山东省文物考古研究所、东营市博物馆《山东广饶县傅家遗址的发掘》，《考古》，2002 年 9 期）。石铲"孔径 1.7 厘米"（河南省文物考古研究所《河南禹州市瓦店龙山文化遗址 1997 年的发掘》，《考古》，2000 年 2 期）。其孔径大小基本一致，显然是有巧合的成分在里面，但是由此也可以看到，石铲的孔径由于只是起到固定石铲的功能，所以在大小上没有太大的区别，这一点在鉴定时应注意分辨。

（16）从刃宽特征上鉴定

石铲的刃部宽度对于石铲的实用性功能来讲至关重要，来看一则实例：石铲"刃宽 5.6 厘米"（山西大学历史系考古专业《山西襄汾县丁村曲舌头新石器时代遗址发掘简报》，《考古》，2002 年 4 期）。显然这是一件较狭窄的刃部造型，这样的石铲刃部特征实际上很明确，可以具有一定的力度，进行耕种没有问题，但似乎还有些局限。再来看另外一件石铲的尺寸大小：石铲"刃宽 11 厘米"（上海博物馆

造型隽永石铲 新石器时代

考古研究部《上海金山区亭林遗址 1988、1990 年良渚文化墓葬的发掘》，《考古》，2002 年 10 期）。由此可见，这件石铲在尺寸特征上的确是非常大，它的力度会相当大，具有相当强大的实用性功能，由此也可以看到实际上在刃部宽度尺寸上石铲根据整体大小的不同差异性也比较大，鉴定时应注意分辨。

4. 石凿

新石器时代石凿十分常见，来看一则实例："凿，1 件（采：3）。呈梯形，平顶，单面刃，横剖面呈棱形。长 4 厘米、刃宽 3 厘米"（孝感市博物馆《湖北孝感

市徐家坟遗址试掘》,《考古》,2001年3期)。像这样的实例有很多,就不再赘举。这与其实用的功能性特征有关,石凿是新石器时代重要的工具,正是由于这些功能的存在,石凿在新石器时代长盛不衰,各种石凿的造型都有见。但从具体的件数特征上看,新石器时代石凿墓葬出土很少见,主要以遗址出土为主,一般情况下以2~3件为多见,过多的情况不是很常见,由此可见,石凿在当时应该是属于精密工具系列,鉴定时应注意分辨。从石质特征上鉴定,各种石凿的石质特征都有,如变质页岩、石英细砂岩、花岗质侵入岩、火成岩质、利蛇纹石、黑色燧石等,总的来看没有过于规

石凿 新石器时代

造型隽永石凿 新石器时代

律性的特征,多数就地取材,只要是符合硬度条件的石材都有可能被制作成石凿。从色彩特征上看基本上也是这样,各色石凿都有见,如浅褐色、黑褐色、青色、深灰色、青绿色、青褐色等都有,鉴定时应注意分辨。从造型特征上多以窄条形为显著特征,但是由于石凿在新石器时代造型还未固定化,所以各种各样的造型基本上都有,如圭形、长条形、长方形、扁薄长条形、梯形、扁圆形等,可谓是种类繁多,异彩纷呈。从刃部特征上看也是多种多样,双面刃、侧刃、斜刃、偏锋、弧刃、锛形刃、斜直刃等都有,可见在刃部特征上是非常泛化,这昭示出新石器时代石凿功能的多样化;在顶部特征上,新石器时代石凿的顶部特征主要有弧顶、平顶、圆顶等,其他的顶部特征不是很多,这样的顶部特征较为适宜于敲击使用,一般情况下顶部都比较厚,

石凿 新石器时代

石凿 新石器时代

精致石凿 新石器时代

石凿 新石器时代

石凿 新石器时代

青灰色石凿 新石器时代

长条形石凿 新石器时代

铲形刃石凿 新石器时代

薄的情况几乎不见。在完残特征上，新石器时代石凿完整者多，因为石凿的造型以及功能性特征特别有利于保存，因为石凿本身在造型上就有抗打击的功能，所以即使在保存环境中有一些波动，只要不是受到过于大的重击，显然在造型的完整性上是不会有问题的，这一点在鉴定时应注意分辨。在做工上新石器时代石凿多数工艺精湛，精美绝伦，多是打制和磨制相互结合而成，以磨制为主，做工精细，多数磨光，受打击处多未经修磨，总之在工艺上十分精湛，工匠们都是在用心地琢磨精密工具。从实用痕迹上看，石凿的确有相当多的实用痕迹，这一点很常见，主要表现

平顶石凿 新石器时代

基本完整石凿 新石器时代

为体上有相当多的疤痕，有的是一面有疤痕，而另外一面比较光滑，有一些看起来表面还是光滑的，但是手感粗糙，显然是由于实用的痕迹所致，偶见手感光滑者，鉴定时应注意分辨。另外，从尺寸特征上看石凿的长度特征表现为大小不一，可以说3~15厘米左右的情况都有见；从宽度特征上看以3~5厘米左右为多见；厚度特征石凿的厚度特征以0.6~1.6厘米左右；刃宽多集中在1.5~4.6厘米左右，当然超过和

石凿 新石器时代

打磨结合而成的石凿 新石器时代

小于这些常见尺寸特征的情况都有见，这个数据只是概率性的，并不具有固定化的趋势，仅供读者参考而已，但是由此我们也可以看到新石器时代石凿在功能上较为复杂的特征，鉴定时应注意分辨。

由上可见，新时期时代的石器的确功能齐全，造型异常繁复，是人们日常生活中真正在使用的用具，当然新石器时代的石器灿若繁星，如石球、石镞、石镰、磨石、石锛、石镖、石饼、石锄、石杵、石钏、石锤、石弹丸、石耳坠、石范、石纺轮、石斧、石戈、石管、石罐、石圭、石环、石笄、石臼、石玦、石犁、石矛、石磨棒、石磨盘、石磬、石耜、石梳、石网坠、石削、石钺、石锥形器、石指环、石镯、石钻等都有见，由此可见，从农具、盛器、兵器、装饰品、祭祀用具、乐器等无所不包，无所不有，组成了一个浩大的石器世界，再也没有一个时代的石器比新石器时代更为丰富，以及在人们的生活当中更为重要了，可以说新石器时代就是一个石器的时代，让我们记住它们的名字，这些曾经为人类文明作出巨大贡献的石器。

石凿 新石器时代

石镞 新石器时代

石网坠 新石器时代

石镞 新石器时代

第二节 夏、商、周石器

1. 夏代石器

夏代石器在数量上十分丰富，依然担负着人们日常生活当中的诸多实用器的功能，常见的器物造型主要有，石铲、石镞、石刀、石纺轮、石杵、石范、石钺、石斧、石矛、石环、石球、石凿、石锤等，由此可见，造型之丰富，由于其功能没有改变，所以基本上与新石器时代相似，只是在造型的总量及数量上明显减少，特别是石球一类的器皿。但增加的器物造型也有见，如镞、矛的造型在夏代的确是常见，来看一则实例："矛1件（T123②B:9）。磨制。三棱形锋，骹呈圆锥状。长9厘米"（广东省文物考古研究所、北京大学考古系实习队《广东南海市鱿鱼岗贝丘遗址的发掘》，《考古》，1997年6期）。显然这不是孤例，而是有相当多的矛存在，这说明夏代兵器的地位开始在石器中上升。在具体的造型上变化也比较小，如"铲，窄顶，宽平刃，中有对钻圆孔。H63:2，通体磨光。长18.4厘米、最大宽度9.6厘米、厚0.8厘米"（北京大学考古学系、商丘地区文管会《河南夏邑县清凉山遗址1988年发掘简报》，《考古》，1997年11期）。可见这件夏代的石铲与新石器时代没有太大区别，放在一起可能很难辨认，其实这是一个普遍性的问题，鉴定时应注意分辨。总之，夏代石器基本上是新石器时代石器的传承，并没有太大的改变。

石球 夏代

石镞 夏代

2. 商代石器

商代石器基本上是延续新石器时代和夏代，在造型、石质等各方面均没有太大改变，磨石、石锛、石铲、石杵、石刀、石锤、石弹丸、石纺轮、石斧、石戈、石环、石犁、石镰、石矛、石磬、石球、石网坠、石钺、石凿、石镞、石钻等，从造型上可以清楚看到明显从种类上减少了许多，特别是在数量上减少明显，就是说一种造型虽然还有见，但不像新石器时代那样常见了，原因很简单就是因为材质多样化所造成的，如当时的青铜材质已经有见，如镞、矛、刀等，替代了很大一部分传统的石器，但显然还未能完全替代，只是在上层统治阶层中使用，普通百姓依然使用的是石器。另外，一些特别的造型，如磨石与新石器时代和夏代基本没有区别，来看一则实例："磨石2件。红色砂岩，皆残。T102①：18，残器呈长方形，四面均有磨痕。残长5.8厘米、宽6.8厘米、厚1.3～3.2厘米"（广东

石刀 商代

石刀　商代

省文物考古研究所、五华县博物馆《广东五华县仰天狮山遗址发掘简报》,《考古》,1998年7期)。之所以没有改变的原因是因为功能的需要性,因为磨石的功能与新石器时代和夏商时期是没有区别,所以一种器物当其功能没有改变,同时也没有替代材质时,它就是会一直存在下去,就如同磨石直至现在我们依然在使用。商代像这样造型除了磨石以外还有一些,如石磬在西周、春秋、战国时期依然很流行,但显然没有磨石存在的时间长久,这一点在鉴定时应注意分辨。从选料、工艺等各个方面商代基本上同新石器时代没有太大区别,为传统的延续。

3. 周代石器

西周　西周时期石器继续沿着商代发展,但这种发展的结果却是石器地位的进一步削弱,常见的器物造型虽然与商代基本相似,石球、锛、铲、凿、刀、镰、镞、斧等都有见,但是其地位明显减弱,如西周时期青铜斧比石质的优点多很多,青铜凿比石凿要好用许多,同时青铜镞的数量大量增加,这进一步减弱了石镞的使用频率,总之,西周时期传统石器退居到了下层奴隶使用的地位,地位上升的是石磬等乐器,这一点在鉴定时应注意分辨。

春秋战国 传统石器在春秋战国时期进一步有了衰落的趋势,常见的造型有,环、玦、珠、锛、璧、锄、刀、斧、镐、圭、绿松石坠饰等为主,由此可见,传统石器在种类上减少了相当的程度,而是以装饰性和象征性礼器造型为主,如圭等基本上是仿玉圭的造型,没有任何实用的价值,意识形态占据了相当的地位。另外,环、玦、珠以及绿松石坠饰等都是一些装饰品,这些显然是因为春秋战国时期不仅仅是青铜器代替了一部分传统石器的功能,而且铁器的普遍使用更进一步加剧了传统石器造型灭亡的过程,这一点在鉴定时应注意分辨。

石磬 西周

石磬 西周

第三节 秦汉至清代的石器

1. 秦汉六朝石器

如果说春秋战国时期石器还保留有一些传统的造型，为传统石器留下了外强中干的印象，那么秦汉时期石器则连起码的造型都没有保留，传统石器很少见了，如秦代常见的器物造型为圭、镞、环等，来看一件实例："石圭，8件。用青灰色板岩磨制而成。M2303：3-1，残长6厘米"（山西省考古研究所侯马工作站《山西侯马市虒祁墓地的发掘》，《考古》，2002年4期）。通常情况下这些石圭除了在质地上不如玉圭外，其他与玉圭基本没有区别，显然是作为玉圭的替代品而随葬的明器，这一点在鉴定时应注意分辨。而汉代石器和秦代基本相似，多是一些仿造玉器而制作的明器，如滑石璧、耳杯、石鸟、玛瑙珠、说唱俑等，看来传统石器在秦代

说唱俑 汉代

已消失殆尽，传统延续的力量已不复存在，从此石器在人们心中印象也改变了，不再是实用性极强的实用器皿，而是一些以装饰和娱乐为主的造型，这一点在鉴定时应注意。在进入六朝时期之后，中国古代石器基本上又有了新发展，切合当时的时代背景，如佛教题材的造型多了起来，来看一则实例："白石单躯菩萨像，圆雕。头、手残，残高23厘米、宽7.5厘米、厚6厘米。颈饰联珠项链，裸上身，披长巾，长巾经双臂沿体侧垂至足踝。斜披璎珞，着长裙，腹前垂璎珞长带，赤足立于带榫莲台上。榫台高5厘米"（博兴县文物管理所《山东博兴县出土北朝造像等佛教遗物》，1997年7期）。像这样的佛像在六朝时期十分普遍，自从汉代佛教传入我国，六朝时期得以兴盛，寺院、僧人众多，石窟等佛教造型也逐渐多起来，如敦煌莫高窟石窟以及山西大同的云冈石窟和洛阳龙门石窟等都已开凿初具规模，这些石窟中自然石质佛像是主流，这些石质佛像多数石质坚硬，在工艺上如上例，造型隽永，雕刻凝烁，精美绝伦，美不胜收，成为石器发展的新主流

石质说唱俑 汉代

石质说唱俑 汉代

造型。但这一时期的佛教造型保存基本都比较好，但显然风化比较严重，特别是一些非主流，已开凿，但后来又由于石质有问题而废弃的石窟内的佛教造型更是这样，需要保护的等级很高，如距离洛阳不远的河南义马的泓庆寺石窟就是这样，由于砂质过于大，显然废弃了开凿，这些石质不太好的佛教造型在品相上有些是有问题的。总之秦汉六朝时期中国古代石器经过震荡后转入了一个新的发展阶段。

2.隋唐五代

隋唐五代时期石器皿常见,佛教造型继六朝时期继续发展,出现了洛阳龙门石窟以及敦煌莫高窟的最鼎盛时期,但隋唐五代时期的石器除了佛教造型外还有墓志铭也相当鼎盛,出现了很多洋洋洒洒墓志,也广为收藏者所青睐。显然这些石器在造型上都比较大,其实隋唐五代石器在体积大小上是向着两极化的方向发展,有的器物看起来的确是非常的大,实用与装饰相结合,但主要功能还是实用,在这一时期印章、石砚等都非常流行,来看一件印章:"唐代石印,1件(T8③:21)。青黑色石灰岩,质地坚硬细腻。已残,可复原。长方形桥式钮,盝顶,器身大致呈正方体。

石砚 唐代

器身残存三面,隐约可见阴刻的花草纹,线条流畅,草叶花瓣浑圆饱满"(中国社会科学院考古研究所、西安唐城工作队《陕西西安唐长安城圜丘遗址的发掘》简介,《考古》,2000年7期)。这样的印章在唐代并不常见,估计唐代印章与今天我们的私家印章功能不太一样,主要可能是祭神等活动使用。但石砚却异常流行,来看一则实例:"唐代石砚,1件(M:16)。青石质,带紫红色花斑,质细。砚面磨制较光滑。外形呈簸箕形,砚首上翘,浅池平滑,砚底后部鼓出着地,前部有矩形双足。长16.7厘米、宽11.2厘米、高2.2厘米"(郑东《福建厦门市下忠唐墓的清理》,《考古》,2002年9期)。由此可见,这件唐代石砚造型比较简单,就是一般箕形砚,这种砚与当时流行的澄泥砚等造型基本相似,很具生活化气息,采用的就是日常生活用具簸箕的造型,当然唐代石砚造型多样、规整,石质坚硬、耐磨,雕琢并用,工艺精湛,纹饰凝炼,造型隽永,但没有过于华丽的装饰,其主要功能还是实用,鉴定时应注

第一章 石器鉴定

石雕莲花灯　唐代

意分辨。另外，在隋唐五代时期，自新石器时代以来的传统石器造型仍有存在，如石球、石刀、石璧等都有见，不过显然此时的这些器皿完全应该是意识形态上的一种摹古的明器。由此可以看到传统延续的力量是多么强大，或许唐朝人根本不知道这些器皿都是从人类最初的

长方形石砚 唐代

实用器演化而来的，但他们知道墓葬当中前人是这样摆放的，所以他们也这样做了，由此可见，"传承等于力量"。

3. 宋元明清

宋元明清时期石器主要是延续传统继续发展，但像唐代那样在墓葬当中放置石璧等传统石器的情况已很少见，取而代之的是佛龛、各种各样的砚台等，一切转向了极端的实用化、成本化、节约化，一切与之相悖的器皿命运只有一个，即消失。以砚台为例来看一看，宋代石砚在造型上多保留着唐代遗风，如箕形砚依然很流行，墓葬当中经常有见。可见，时代的消亡并不意味着它的代表性器皿会消亡，当然更

石砚 宋代

佛龛 宋代

第一章 石器鉴定

造型简洁的石砚 宋代

石砚 明代

宋濂端砚 明代

长方形宋濂端砚 明代

多的是各种各样的砚台造型，随意来看一则实例："石砚，1件（M3：2）。材质为绿色花岗岩。抄手砚，正面呈长方形，侧面呈梯形。顶面长19.7厘米、宽12～12.7厘米，底面长18厘米、宽11.6～12.3厘米，厚2.8～3.1厘米"（李元章《山东栖霞市慕家店宋代慕优墓》，《考古》，1998年5期）。这并不是一个孤例，而是在宋代比较常见，宋代也是一个儒学发达的时代，读书人很多，所以石砚在数量上也是比较丰富。元代石器并不发达，与宋代基本相似。明代许多风气又有所恢复，如砚台的数量猛增，来看一则实例：如河南三门峡博物馆藏的明代宋濂端砚，砚整体长方形，内刻"云触石起龙抱珠眠"等六行48字铭文，右侧刻有单排竖行"洪武辛亥年琢于端溪晚香堂官舍"14字铭，左侧刻有"厚齐美亭氏宋濂铭"。纹饰为海水双龙纹，线条细腻流畅，刚劲挺拔，挥洒自如，精美绝伦。当然，宋濂铭砚只是一个缩影，像这样的砚台在明代何止这一件、一种，而是种类繁多，规模巨大。由此可以感受到明代儒生的饱学与刻苦。当然，明代石器不仅仅是砚台，也有如武士俑、石蜡台、石盘、石杯、石盆、石插屏、香炉、石狮、三星太极石雕等。总之多数是以实用为主，兼具有装饰的功能。我们经常可以看到一些造型隽永的石雕，雕工精湛，技法上圆雕、浮雕、镂空雕、线刻等手法并用，美石良工，形神兼备，威风凛凛，美感十足，堪称精品。清代石器与明代基本相似，以砚台、石执柄壶等一些生活中的用具为主，由于与明代基本相似，就不再赘述。

第一章 石器鉴定

宋濂砚台 明代

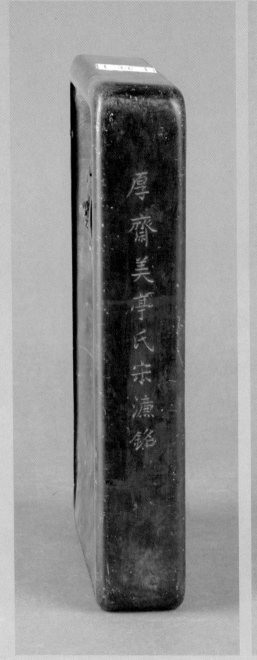

有铭文宋濂端砚 明代

第一章 石器鉴定

明代石雕武士俑 明代

石蜡台 明代

石盘 明代

石杯 明代

石插屏 明代

第一章 石器鉴定

石香炉 明代

三星太极石雕 明代

杂项 收│藏│入│门│百│科

石砚 清代

第一章 石器鉴定

石执柄壶 清代

第二章 骨角蚌牙器鉴定

第一节 新石器时代骨器

新石器时代骨器异常发达，墓葬和遗址内都有出土，常见的器物造型主要有骨板、骨锛、骨匕、骨镖、骨饼、骨镞、骨卜骨、骨叉、骨铲、骨刀、骨锯、骨多刃器、骨纺轮、骨斧、骨钩、骨管、骨环、骨戒指、骨玦、骨矛、骨勺、骨饰、骨兽骨、骨耜、骨凿、骨针、骨珠、骨锥、骨坠饰、骨镯、骨簪、骨笄等，这简直是一个骨器的世界，各种各样的日常生活用具、兵器、装饰品、工具等等被制作成为骨器，的确在新石器时代由于生产力水平有限，骨头这种易得的材质制作而成的这些器具承当着满足人们生活的各种需要。

从造型上看，新石器时代骨器的造型通常多是利用天然骨头加以修饰，来看一则实例："骨镯（臂饰），椭圆形环状，利用大动物肢骨加工，保留肢骨外壁，凿空肢骨内腔，内壁尚较粗糙。H15：6，残，直径大于5～6厘米，宽4厘米、厚0.5～1厘米"（中国社会科学院考古研究所甘青工作队、青海省文物考古研究所《青海民和县胡李家遗址的发掘》，《考古》，2001

美轮美奂的骨笄 新石器时代

骨镞 新石器时代

第二章　骨角蚌牙器鉴定

美轮美奂的骨笄　新石器时代

骨箭镞　新石器时代

骨笄　新石器时代

骨箭镞　新石器时代

年 1 期）。显然这是一件顺势而为器物造型，这种现象并不是偶见的，而是具有相当的代表性，同时这也显示了新石器时代一切为实用的最终目的，就是说只要具有实用的功能，能简略方法就简略，达到目的即可。但对于不能因势利导的器皿，为了达到有效的实用功能，新石器时代骨器也是极费心思，做工相当精致，来看一则实例："锥，兽骨制成。T6④：17，上端和锥杆未加雕琢，仅在锥尖部分加工磨制，极为锐利。长 10.6 厘米"（北京大学考古学系、商丘地区文管会《河南夏邑县清凉山遗址 1988 年发掘简报》，《考古》，1997 年 11 期）。由此可见，这件骨锥的实用功能很明确，就是要具有锐利而坚硬的造型，为了达到这一目的，新石器时代的人对这件兽骨进行精工细磨，终于达到其应有的实用功能。以上论述基本已经道出了新石器时代骨器的特征，为了能够更加清晰地为读者揭示新石器时代骨器的方方面面，我们来详细剥离骨簪的造型，以帮助读者掌握鉴定方法。

骨笄　新石器时代

骨箭镞　新石器时代

骨箭镞 新石器时代

1. 从件数特征上鉴定

新石器时代骨簪件数特征比较明确，墓葬和遗址当中都有出土，但主要以遗址出土为主，多以出土 1~2 件为主，来看一则实例："骨簪，2 件"（中国社会科学院考古研究所河南第一工作队、河南省文物考古研究所、三门峡市文物工作队、灵宝市文物保护管理所、荆山黄帝陵管理所《河南灵宝市北阳平遗址试掘简报》，《考古》，2001 年 7 期）。像这样的例子很多，当然相比较而言可能 1 件的情况更多一些。但是这一件数特征并不固定，有的情况下可能会集中出土，来看一则实例："簪，10 件"（河南省文物考古研究所《河南新安县西沃遗址发掘简报》，《考古》，1999 年 8 期）。看来该次发掘出土的骨簪确是比较丰富。由上可见，从总量上看骨簪有一定的量，是新石器时代骨器当中最重要的品类之一，显然这是古人在实践中所认识到的，实际上在严酷的生存压力下，原始人试图都制作成具有实用功能

骨簪 新石器时代

的如镞、刀、矛、锛、铲等实用器皿，但是骨器的确不是很适合，而且在材质来源上也有限，但通过件数特征可以发现原始人逐渐认识到这些，将骨器逐渐转向一些类似于现代首饰类的器皿之上，鉴定时应注意分辨。

2. 从造型特征上鉴定

新石器时代骨簪的造型设计已相当科学,一直被人们沿用至今,但是新石器时代的骨簪在造型上显然还没有固定化的趋势,来看一下新石器时代人们对于骨簪造型的不断尝试过程。

(1) 圆锥形

圆锥形的骨簪造型在新石器时代有见,墓葬和遗址当中都有出土,来看一则实例:"圆锥形"(河南省文物考古研究所《河南辉县市孟庄龙山文化遗址发掘简报》,2000年第3期)。实际上不仅仅是在龙山文化遗址中有出现,而是诸多的文化遗址当中都有。

骨簪 新石器时代

圆锥的造型从力学原理上较为适合挽发之用,因为锥形的造型容易插入头发之内,而且又是最为节省骨料的造型之一,所以圆锥形的骨簪在新石器时代流行非常广,鉴定时应注意分辨。

(2) 圆形

圆形骨簪在造型上与圆锥形实际相差不大,都是上大下小,只不过圆形骨簪显然比圆锥形在造型及手感上要好得多,可见圆形的骨簪其实装饰的气息更为浓郁,来看一则实例:"呈圆形"(中国社会科学院考古研究所河南第一工作队、河南省

骨簪 新石器时代

文物考古研究所、三门峡市文物工作队、灵宝市文物保护管理所、荆山黄帝陵管理所《河南灵宝市北阳平遗址试掘简报》,《考古》,2001年7期)。由这件实例,可以看到它是一件出自仰韶文化遗址的器皿,而我们知道仰韶文化发展了两千年之久,是新石器时代最为辉煌的文明成果之一,而较为精致的圆形骨簪出现在仰韶文化较为鼎盛的遗址中也不足为奇,鉴定时应注意分辨。

（3）枣核形

新石器时代枣核形的骨簪有见，来看一则实例："体呈扁圆枣核形"（章丘市博物馆《山东章丘市焦家遗址调查》，《考古》，1998年6期）。由此可见，新石器时代骨簪在造型上的确是多种多样，在进行着多样化的尝试，枣核显然属于扁圆形造型的范畴，这种造型在情趣上显然超越圆形和圆锥形，因为它可以使人们在使用骨簪挽发时可以联想到香甜枣，这可能是新石器时代人们可以享受到的为数不多野果之一了，由此可见，情趣已经成为新石器时代骨器在器物造型上的重要特征。

（4）细长形

细长的骨簪最为常见，来看一则实例："形体细长，微弯曲"（河南省文物考古研究所《河南辉县市孟庄龙山文化遗址发掘简报》，2000年第3期）。这件实例表述得很生动，的确很多细长的骨簪并不是垂直而下的，而是有一些弯曲，这显然是为了艺术化的需要而特意制作，鉴定时应注意分辨。

细长形骨簪 新石器时代

（5）扇形

扇形骨簪在新石器时代里有见，来看一则实例："扇形"（南京市文物局、南京市博物馆、高淳县文管所《江苏高淳县薛城新石器时代遗址发掘简报》，《考古》，2000年5期）。这种扇形的骨簪可以说是新石器时代骨簪造型多样化过程中的一朵奇葩，这样造型实际上装饰的功能已溢于言表，很清楚骨簪在新石器时代不仅是发饰，而且还是装饰品，当然从具体的造型上看虽然与我们现在的扇子有些相像，但显然是视觉意义上的概念，并不具备几何上的特征。

（6）扁圆形

扁圆造型骨簪在新石器时代有见，来看一则实例："截面呈扁圆形"（河南省文物考古研究所《河南新安县西沃遗址发掘简报》，《考古》，1999年8期）。这并不是一件孤例，而是经常可以看到的造型，但从总量上来看并不大，由此可见，扁圆造型的骨簪经过尝试后并没有广为流行，它只是众多骨簪造型中的一种而已，鉴定时应注意分辨。

（7）半圆形

半圆的造型在新石器时代骨簪中常见，来看一则实例："截面呈半圆形"（广西壮族自治区文物工作队、那坡县博物馆《广西那坡县感驮岩遗址发掘简报》，《考古》，2003年10期）。这样的造型实际上也是为了取异的需要，以异样为美，这再次印证了新石器时代里骨簪装饰品的功能。

（8）椭圆形

椭圆的造型在新石器时代骨簪中常见，来看一则实例："截面呈椭圆形"（河南省文物考古研究所《河南新安县西沃遗址发掘简报》，《考古》，1999年8期）。实际上椭圆形的造型在制作上比圆形或者是锥形难度更大，但显然原始人还是制作了这样的造型，显然是为了装饰和取异的需要而制作。由此也可见，新石器时代骨簪对于器物造型精美化程度的不断追求。

3. 从顶部特征上鉴定

新石器时代骨簪在顶部特征上比较简单，主要以平顶、蘑菇状顶以及扁形顶为显著特征，来看一则实例：骨簪"平顶"（河南省文物考古研究所《河南辉县市孟庄龙山文化遗址发掘简报》，2000年第3期）。但一般情况下骨簪的平顶都是视觉上的，并不存在水平的顶面，大都以视觉为判断标准，鉴定时应注意分辨。蘑菇顶的情况

蘑菇状顶骨簪 新石器时代

来看一则实例:"蘑菇状顶"(河南省文物考古研究所《河南辉县市孟庄龙山文化遗址发掘简报》,2000年第3期)。由上可见,蘑菇顶的造型的确是存在,从实物观测上看也有一定的量,但显然占据不到主流地位,这种蘑菇形的顶部极具装饰性效果,特征很明确显然是在保证实用的同时,有意突出其顶部的蘑菇状极具装饰性的效果。当然平顶和蘑菇顶显然装饰性的意味都比较浓重,而多数骨簪在顶部造型上则是以扁平状为显著特征,来看一则实例:"扁状"(河南省文物考古研究所《河南辉县市孟庄龙山文化遗址发掘简报》,2000年第3期)。这样的例子很常见,在鉴定时应引起注意。

4. 从打磨特征上鉴定

新石器时代骨簪在打磨上特征比较明确,虽然骨质本身就有一定的光洁性,但显然这种光洁的效果是有限的,只有经过打磨后的骨体才具备温润的特征,来看一则实例:"通体磨光"(北京大学考古学系、商丘地区文管会《河南夏邑县清凉山遗址1988年发掘简报》,《考古》,1997年11期)。可见这件实例对于表面温润的效果特别重视,全部将其打磨得非常光滑,这样的实例并不少,在新石器时代是普遍性的,再来看一则实例:"通体磨光"(山东省文物考古研究所、东营市博物馆《山东广饶县傅家遗址的发掘》,《考古》,2002年9期)。由这两件实例可知新石器时代骨簪的确对于光滑程度非常重视,基本上是进行磨光后使用,兼具有实用和装饰、把玩的双重功能。

通体磨光骨簪 新石器时代

5. 从精致特征上鉴定

新石器时代骨簪在精致程度可谓件件都是精美绝伦之器皿,制作非常认真,一般都是通体磨光,对于骨簪的打磨都是精磨,来看一则实例:"骨簪制精细"(中

骨簪 新石器时代

国社会科学院考古研究所河南第一工作队、河南省文物考古研究所、三门峡市文物工作队、灵宝市文物保护管理所、荆山黄帝陵管理所《河南灵宝市北阳平遗址试掘简报》,《考古》,2001年7期)。全面精磨带来的结果是如玉质般的美妙效果,精美绝伦,而以上这件实例显然具有相当的普遍性,鉴定时应注意分辨。

6. 从完残特征上鉴定

新石器时代骨簪在完残程度上通常情况并不是很好,这与骨簪较为细长的造型有关,骨簪并很难抵御遗址内恶劣的保存环境。来看一则实例:骨簪"尖残"(北京大学考古学系、商丘地区文管会《河南夏邑县清凉山遗址1988年发掘简报》,《考古》,1997年11期)。实际上这只是骨簪经常性残缺的一种而已,因为不仅有尖部残缺,而且还有尾部残缺的情况。来看一则实例:骨簪"尾部残"(山东省文物考古研究所、东营市博物馆《山东广饶县傅家遗址的发掘》,《考古》,

骨簪 新石器时代

2002年9期)。实际上骨簪残缺的部位理论上没有规律,因为残缺本身就是一种意外,所以在任何部位都可能发生,但通常情况下两端残缺的情况比较常见,鉴定时应注意分辨。

7. 从穿孔特征上鉴定

新石器时代骨簪在穿孔上的特征比较明确，这一点是显而易见的，来看一则实例：骨簪"近顶部呈扁状，有一圆形穿孔"（河南省文物考古研究所《河南辉县市孟庄龙山文化遗址发掘简报》，2000年第3期）。由这件实例首先我们可以肯定的是骨簪穿孔的存在，之所以会有穿孔的存在显然是为了穿系的需要，可见骨簪在新石器时代有可能是还具有穿系捆绑头发的功能，或者是佩戴于身，用作装饰。但是上例并不常见，看来骨簪穿孔的造型显然只是一种尝试，而并没有真正地推广开来，这一点在鉴定时应注意分辨。

8. 从长度特征上鉴定

新石器时代骨簪在长度特征上比较明确，大小差异性比较大，来看一则实例：骨簪"长5.6厘米"（章丘市博物馆《山东章丘市焦家遗址调查》，《考古》，1998年6期）。

骨簪 新石器时代

这件实例中骨簪长度尺寸特征较小，但与我们对于金银簪的大小基本持平，当然这类骨簪在新石器时代也是常见，大于或者是小于它的骨簪都有。再来看一则实例："长16.4厘米"（河南省文物考古研究所《河南辉县市孟庄龙山文化遗址发掘简报》，2000年第3期）。由此可见，这件骨簪的长度确是比较长，这样长的骨簪显然更加清晰了其挽发之用，而且具有相当的装饰性功能，同时我们也可以看到骨簪在长度特征上的区间的确是比较大，这一点在鉴定时应注意分辨。

9. 从厚度特征上鉴定

新石器时代骨簪在厚度上的特征比较明确，就是相互之间有差距。来看一则实例：骨簪"直径0.4厘米"（河南省文物考古研究所《河南辉县市孟庄龙山文化遗

第二章 骨角蚌牙器鉴定

骨簪 新石器时代

址发掘简报》，2000 年第 3 期）。实际上这件实例所说的直径就是厚度特征，这个厚度并不是很厚，这个厚度承载十几厘米的骨簪显然仅仅是够用而已，但这已经是骨簪中比较厚的厚度尺寸特征了，当然比这厚的也有，但已不多见。再来看一则实例：骨簪"厚 0.15 厘米"（辽宁省文物考古研究所《辽宁凌源市牛河梁遗址第五地点 1998～1999 年度的发掘》，《考古》，2001 年 8 期）。看来这件骨簪的厚度真的是薄到了极点，而之所以选择如此薄的厚度显然是突出了制作的高难度以及手感的轻盈性，以此来衬托骨簪的精美绝伦，精致无比，达到装饰性的效果，显然这些特征骨簪都达到了，因此我们在鉴定时要用这样的眼光来看待骨簪的厚度尺寸特征。

骨簪 新石器时代　　　　　　　　　　　骨箭镞 新石器时代

以上我们剖析了新石器时代骨簪的种种特征，可以看到新石器时代骨器的发达，不断尝试、不断发展是其主流。它承担着人们日常当中挽发、把玩装饰的双重功能。当然，新石器时代还有相当多的骨器，有的也是相当繁复，如骨镞、骨笄等。

85

杂项

骨笄 新石器时代

骨簪 新石器时代

第二节 夏商至明清骨器

新石器时代骨器的影响是深远的,之后的夏商至明清时期的骨器可以说都受到其影响,夏商时期骨器基本上是新石器时代的延续,在器物造型及工艺上没有太大变化,我们随意来看一则实例:"簪2件。T103⑦A:3,圆锥状,体细长。酱褐色。长9.7厘米、宽1.9厘米、厚0.3厘米。T103⑦B:2,椭圆柱体,一端锯平,一端劈出簪头。灰白色。长7.6厘米、长径0.75厘米、短径0.45厘米"(中国社会科学院考古研究所、河南第二工作队《河南偃师商城Ⅳ区1996年发掘简报》,《考古》,1999年2期)。由此可见,与新石器时代的骨簪并没有两样,从其长度和厚度特征上看显然是实用器,同样西周时期包括汉代都是这样,只有是有实用价值的骨器都完整地保留了下来,但也可看到汉代骨器与新石器时代相比已经少了很多,显然是诸多的新材料取代了这些骨器,但骨器的生命力确是非常顽强,再来看一则

骨管 西周

杂项

骨簪 商代

实例:"骨针 2 件。磨制光滑。上粗下细,尾部穿孔,针尖锋利。M1∶29-2,针体细长,截面上方下圆。长 7.5 厘米"(新疆文物考古研究所、哈密地区文物管理所《新疆哈密市艾斯克霞尔墓地的发掘》,《考古》,2002 年 6 期)。这令我们惊奇,因为这件骨针的时代是五代时期,从发掘报告的描述来看显然属于实用器,这并不是时光的错乱,而是真实的事情,在五代时期依然有人在使用着传统的骨针,这就是只要功能不变,一种器物造型无论是经历几千年,甚至是上万年都是不会有改变,而且还会继续存在下去,就如同骨角梳一样现在依然有使用,可见其生命力的顽强。

不过由上可见,中国古代骨器显然在经历新石器时代的鼎盛之后,进入夏商至明清时期,是一个数量逐渐减少、逐步衰落的过程。这一点在鉴定时应注意分辨。让我们记住这些人类历史上曾经的骨器。

骨管 西周

骨管 西周

第二章 骨角蚌牙器鉴定

骨簪 西周

骨管 西周

第三节 角器

中国古代角器主要作为实用器的时代是新石器时代，来看一则实例："鹿角锄 1 件（H2：10）。做成'人'字形，一边锯齐，另一边留有尖锥。长 33 厘米"（中国社会科学院考古研究所山西队《山西垣曲县小赵新石器时代遗址的试掘》，《考古》，1998 年 4 期）。由此可见，这件用鹿角制作而成的锄，显然具有实用功能，看来新石器时代人们将所有可以利用的材质制作成有用的器皿，来为人服务。另外，再来看一则实例："角戈形器　H8：3，系鹿角磨制而成。戈形，无栏，内部有銎，援狭长，前部有刃，刃残后又经磨制。长 22.6 厘米、宽 4 厘米"（山东省文物考古研究所、聊城市文化局文物研究室《山东阳谷县景阳冈龙山文化城址调查与试掘》，《考古》，1997 年 5 期）。这件实例其实与上一件器物在制作动机上有着相似性，即同样是利用角器的造型，制作者认为是比较适合于制作一件兵器戈的造型，所以就是制作了，一切为了实用的需要。但是，角器对于器物的制作局限性比较大，因为并不是所有的角器都适合制作某些需要的器皿，所以角器在新石器时代的发展也是滞后的，但是从整个角器历史的角度来看，新石器时代显然是角器的鼎盛期，夏商基本上延续了这一特征，但随着时代的向前推进，新材料的不断应用，角器实用的功能逐渐退化，逐渐以装饰性为主。唐宋时期、明清时期基本上都是这样，鉴定时应注意分辨。

第四节 蚌牙器

我国古代蚌牙器由来已久，在新石器时代就有蚌牙器的出现。来看一则实例："镰系蚌壳切割磨制而成。T1⑧：56，弯背曲刃，头窄尾宽，方尖左向。长12.4厘米、宽6.3厘米"（北京大学考古学系、商丘地区文管会《河南夏邑县清凉山遗址1988年发掘简报》，《考古》，1997年11期）。由此可见，这件蚌镰是因势利导利用蚌壳磨制而成，体现出了新石器时代蚌器多是为实用器的功能，各种器皿都是在向实用靠近。另外还有很多这样的造型，如蚌刀、蚌镞、蚌锥等都常见。当然也有一些装饰性器皿，如蚌环、蚌镯、指环、蚌坠等，都是一些装饰性极强的器皿。同样这一时期牙器也是这样，除了因势利导的实用器皿外，还有一些装饰品，如"象牙镯1件（M9：53）。外径7.2厘米、内径6.35厘米、宽1.5厘米"（浙江省文物考古研究所、海盐县博物馆《浙江海盐县龙潭港良渚文化墓地》，《考古》，2001年10期）。这应该是比较早的象牙制品了，

象牙笏板　明代

象牙笏板　明代

看来以象牙作为材质来制作饰品的历史极为久远。当然在新石器时代人们并不像我们现在这样认为象牙是珍稀的材质，而其他的牙类则不是。来看一则实例："牙饰2件。由野猪獠牙制成。整体呈半圆形。F2：11，横截面呈多边形。长6.4厘米。F2：45，横截面呈三角形。长6.4厘米"（黑龙江省文物考古研究所《黑龙江东宁县小地营遗址渤海房址》，《考古》，2003年3期）。实际上不仅仅是野猪牙，而是当时只要是有利用价值的牙材料都被制作成了各种各样的器具，这一点在鉴定时应注意分辨。夏商时期蚌牙器显然是在延续新石器时代继续发展，但并没有太多创新，反而还有功能下降的趋势。但在夏商时期表现不是很明显，原因很简单，就是随着时代的发展材质越来越多样化，蚌器和牙器实际利用的功能小了，但其装饰的功能一直延续了下来，特别

蚌刀　商代

蚌饰　商代

是象牙器还专门形成了一个很重要的门类，有一些器皿也固定化到了必须由象牙来制作的程度，如笏板。来看一件实例："象牙笏板1件（M1：8）。象牙制成。长条状，圆首，平底。长32厘米、宽4.3厘米、厚0.5厘米"（辽宁省文物考古研究所、朝阳市博物馆《辽宁朝阳市黄河路唐墓的清理》，《考古》，2001年8期）。可见这是一件较早的笏板，唐代墓葬当中出土，但从长度、宽度以及厚度造型特征上看，基本与后来明清时期笏板很相似，实际上仔细分析笏板的造型基本造型能够改变的也很少。另外，象牙器在明清时期，特别是在清代还承担了一项很重要的功能，就是烟枪的功能，许多烟枪制作非常漂亮，通体闪烁着非金属的淡雅光泽，细腻、润泽、做工精湛，造型各异是当时流行器皿中的精品力作。

第二章 骨角蚌牙器鉴定

蚌刀 商代

蚌饰 商代

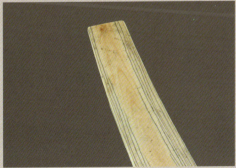

象牙笏板 明代

杂项 收藏入门百科

象牙笏板 明代

象牙笏板 明代

象牙烟枪 明代

光泽淡雅象牙烟枪 明代

象牙烟枪 明代

第二章 骨角蚌牙器鉴定

象牙烟枪 明代

第三章　铁器鉴定

第一节 铁器的产生

铁器具有硬度大、轻便、便于铸造、可以回铸等固有特征，比石器和青铜材质在作为农具、工具等方面具有无可比拟的优势，因此铁器的出现直接推动了生产力的发展，对于人类文明进程速度的加快具有决定性的作用。直至今日依然是一个以使用钢铁为主的时代。从世界范围看，早期的人工冶铁技术普遍存在于国内外

六角轴承 汉代

古文明地区，如美索不达米亚、埃及、阿纳托利亚等地区，且有实物发现，均有陨铁和人工冶铁共同使用的特征，而我国却一直没有找到有关这方面的实物，直到西周虢国大墓的发现，一把"玉茎铜芯柄铁剑"的出土填补了我国这一空白；该铁剑出土时，剑身处有一层丝织品包裹，装入精心缝制的牛皮鞘内，表面留有纵向缝合痕迹，针眼清晰可见。足以证明墓主人对这把铁剑的珍视，经北京科技大学冶金与材料研究所鉴定，该剑是用高温炔炼法铸成，确认为人工冶铁制品。因为以前人们认为最早的人工冶铁实物是在春秋中期，所以"玉茎铜芯柄铁剑"的发现，将我国的人工冶铁史向前推进了将近两个世纪。同时也表明了我国的冶铁技术不是舶来品，而是中国人自己的发明创造。人类使用铁的历史十分悠久，我国在商代人们便开始使用铁器，1977 年北京平谷刘家河就曾出土过一件商代铁刃铜戈。但是，这些铁均是陨铁，不过它证实了我国在铁器未推广以前，有过一个陨铁和人工冶铁并用的时代，下面我们简单来看一下这把铁剑。

"玉茎铜芯柄铁剑"出土于 M2001 号虢季墓中,它是虢国墓地中最重要的出土文物,又称"玉茎铜芯柄铁剑",由铁制剑身、玉质剑柄和铜质柄芯组合而成。铜柄心表面镶有绿松石,玉柄由径、首两部分套接而成,两者均用和田青玉制成。玉质细腻光洁透润。柄径青而略泛白色,上有黄白与褐色斑纹,饰成组斜竖向平行线纹和 C 形云纹。柄首略泛青袍色,表面刻有四瓣花萼形纹。从工艺来看,整器圆度规整,雕刻精细,线条流畅大方,富有动感,显示了墓主人的威严与奢华。剑茎中空,为圆柱形。铜质柄芯与玉制柄茎结合的十分巧妙,剑筒前端有一小穿孔,孔内用铜钉使剑

铁犁铧 汉代

铁锄 宋代

首与铜芯铆和在一起,铜钉两边各嵌有一个绿松石片,以起固定的作用,剑首上部呈圆弧状,下部为正方形,下端的管口处用绿松石片填平,这样玉管和铜就结合在了一起。最后,铁制剑身与铜质柄芯结合。铜质柄芯为条状与剑身脊部相结合,表面镶入条状绿松石片,柄芯下端为圆形套入中空的玉柄之内,将铁与铜结合。这把剑能将铜、铁、玉三种不同质地的材料完美地结合在一起,可见当时手工业的发达。此剑通长 34.2 厘米、柄长 12.2 厘米、剑身长 22 厘米、叶宽 3.8 厘米、玉茎最大径 1.8 厘米、剑首底端为 2.7、2.3 厘米。造型隽永、雕刻凝烁,堪称稀世珍宝。

在我国先秦时期,玉是美好事物的象征,"君子无故,玉不去身","君子无德,故不佩玉"。另外,商周时代青铜材料十分珍贵,就是当时人们认为的黄金。该剑以铜、铁、玉三种材料复合而成,表明早期铁制品的稀少和贵重,仅见于国君墓,进一步表明应是权力和地位的象征。

由这件铁剑来看，在西周晚期虽然已产生人工冶铁，但是铁在当时可能是比任何一种材质都贵重的贵金属材料，与玉礼器和国君等联系在一起，看来还没有大规模生产的迹象，但毕竟我国真正意义的铁器已经产生。

玉茎铜芯柄铁剑 西周 馆藏复制品

第二节 铁器的发展与鼎盛

1. 铁带钩

带钩在汉代常见，来看一则实例："带钩，1件（M7∶19）。弓形，两端反方向内弯，呈'S'形，末端尖锐，长11.5厘米"（始兴县博物馆，廖晋雄《广东始兴县刨花板厂汉墓》，《考古》，2000年5期）。由这件带钩可见，其造型基本上是借鉴当时铜带钩的造型以及部分玉质带钩的器形，在大小体积上适中，显然是实用器，通过器物观测，一般情况下这类铁质的带钩造型隽永，由于铸造所以不存在变形等情况，但一般情况下锈蚀都比较严重，相信在当时一定是精美绝伦之器，可能是汉代社会的一种风尚，鉴定时应注意分辨。

2. 铁镞

镞是在汉代被大量地以铁器的方式生产出来的，来看一则实例："铁镞，1件（M9∶24）。长铤，刃部因锈蚀严重而剥脱。残长7.1厘米"（广西壮族自治区文

铁镞 汉代

物工作队《广西北海市盘子岭东汉墓》，《考古》，1998年11期）。由此可见，这件铁镞在造型上基本延续传统，并没有过于复杂性的特征，铁镞显然比铜镞更具有杀伤力，而且铁矿比铜矿要多得多，唯有铁器发明以后铁镞的生产才真正具有了规模化，如果我们到古代秦汉古战场，可以看到密密麻麻的铁镞射击的印记，而且如果到一些当时储藏铁镞的库房可以看到成千上万，成堆的铁镞，可见铁镞在汉代已经成为最重要的冷兵器之一了，但是在造型等各个方面铁镞基本上都是仿铜器，与铜质的镞并没有本质的区别，鉴定时应注意分辨。

铁镞 汉代

铁镞 汉代

铁镞 汉代

铁镞 汉代

3. 铁臿

铁臿在汉代铁器中常见，先来看一则实例："铁臿，Ⅱ式：1件（M27∶22）。凹字形。弧刃，平肩，两面均外隆，有銎。宽12.6厘米、高10厘米"（广西壮族

第三章 铁器鉴定

铁䦆 汉代

自治区文物工作队、钟山县博物馆《广西钟山县张屋东汉墓》,《考古》,1998年11期)。从出土件数特征上可以看到这件墓葬当中只出土了1件,但这却具有普遍性特征,汉代铁䦆基本都是出土1件,件数很多的情况较少见,原因很简单,因为这是生产生活当中的实用器皿,每天都用得到,可以创造很多的价值,虽然汉代是厚葬盛行,但是显然是只此一件,多者不葬。从具体的造型上看,基本上各地的铁䦆造型基本相似,在大小上也是这样,这显然与其实用器的关系密切,再来看一则实例:"䦆,1件(F023)。用旧器单腔范铸制。长方形,平銎口,上有双翼,平銎口,中部稍收,直刃。长19厘米、宽10.5厘米"(乳山市文物管理所姜书振《山东乳山市大浩口村出土汉代铁器》,1997

铁䦆 汉代

年8期)。由此可见，两件相距比较遥远不同地区出土的铁甾在造型及各方面都比较相似，看来铁甾的造型在汉代显然是固定化到了一定程度，这一点在鉴定时应注意分辨。

4. 铁镰

汉代铁镰经常有见，镰刀是重要的农具，或者可以说是不可缺少的农具，我们来看一组汉代铁镰："铁镰，6件。锻制。分二式，Ⅰ式：4件。横板形，尖端稍窄，柄端稍宽，中部上拱下凹，柄端上卷半周。F017，残长24厘米、宽5厘米"（乳山市文物管理所姜书振《山东乳山市大浩口村出土汉代铁器》，1997年8期）。由此可见，这些镰刀的造型与我们现代基本无异，有一种时空穿越的感觉，由此我们可

铁甾 汉代

铁斧 汉代

以想象得到汉代人们用铁镰收获时的喜悦，也正是由于像铁镰这样铁质工具的发明，人们在收割时才变得轻松自如，比石镰要快上数倍，而且不易折断，从件数特征上看铁镰的数量较多。这说明汉代人们像我们今天的人一样基本上都是使用了铁镰。

5. 铁斧

铁斧在汉代比较常见，来看一则实例："斧，铜銎铁刃斧。M51：19，近銎口处有弦纹二道，正面饰回旋纹，刃残。残长10.8厘米、刃宽3厘米"（云南省文物

铁斧 汉代

考古研究所、玉溪市文物管理所、江川县文化局《云南江川县李家山古墓群第二次发掘》,《考古》,2001年12期)。显然这并不是一个孤例,而是在汉代有相当多的墓葬都会出土铁斧。但多数铁斧是在遗址内出土,看来汉代人对于真正实用的工具类铁器随葬还是比较慎重的。从造型上看,基本上各地出土的铁斧都相似,来看一组实例:"斧,9件。锻制。分二式。Ⅰ式:1件(F008)。长方形,平顶无刃。残长13厘米、宽9厘米。Ⅱ式:8件。竖长方形,中部稍弯曲,刃部有磨损,柄孔呈长方形。F009,长17.5厘米、宽9.3厘米"(乳山市文物管理所姜书振《山东乳山市大浩口村出土汉代铁器》,1997年8期)。可见两式的铁斧造型中也只是细节上的区别,从大的造型上看基本没有太大区别,从其他地区出土情况来看也是这样。另外,从纹饰上来看,有很多铁斧之上近銎口处都有两道弦纹,这显然是铁斧的固定化形式之一,由此可见,铁斧在当时还是具有一定的珍贵性,与我们现在使用的斧头有些区别,不然也不会如此重视地在铁器上面还装饰纹饰;另外,还有一些铁斧上还铸有铭文，字数不多，多为几个字，内容多是铁斧的归属等，看来铁斧在汉代的确是人们生活当中重要的实用工具，鉴定时应注意分辨。

铁斧 汉代

铁斧 汉代

铁斧 汉代

铁斧 汉代

有铭文的铁斧 汉代

铁斧 汉代

由此可见，汉代铁器可谓是极为繁盛，随着汉代小农经济的鼎盛，达到了相当高的水平，许多铁器在造型及工艺水平上与我们现在制作的几乎无异，甚至在某些工艺水平和认真程度上超出现在，可见汉代人对于铁器的重视程度。当然汉代铁器不仅仅是对于工具类及农具的发展，而且在象征性的器具上也有很大发展，如汉代铸造的一些铁猪，生动自然，栩栩如生，具有较高的艺术水平，显然有铸造工艺品的尝试，但在汉代装饰品类中铁器实际上并没有发展起来，这一点在鉴定时应注意。

铁锤 汉代

铁锄 汉代

六朝时期铁器延续汉代继续发展，但并没有过多的创新和发展，只是更具生活化气息，来看一则实例："剪刀1件（M4：45）。甚残，上有银链"（南京市博物馆、南京市玄武区文化局《江苏南京市富贵山六朝墓地发掘简报》，《考古》，1998年8期）。由此可见这件剪刀显然是实用器随葬，造型估计与当代基本相似，但从上面有银链来看，显然六朝时期的铁器还是墓主人十分珍视的器皿，不然也不会使用银链，看来铁器在六朝时期虽然经常有见，但估计在当时人的家里算得上是一件重要的物件，这一点我们在鉴定时应能理解。唐宋时期的铁器与汉六朝时期并无本质的区别，只是在墓葬当中随葬的并不是很多，但锄、刀、镰、斧等还有随葬，而且从造型上看显然与我们当代的铁质农具有着进一步的相似性特征，我们来看一件实例："刀1

件（M2∶8）。尖首，直背，刃微内弧，前端斜直，身把间有明显界限，把扁平，原当装有木把。通长28.5厘米、身长18.5厘米、把长10厘米、把宽0.8厘米"（厦门大学考古队，吴诗池《湖北巴东县罗坪唐代墓葬的清理》，《考古》，2001年9期）。这显然是一件实用的铁刀，它与现在实用的大刀从造型及体积上基本没有区别，这一点在鉴定时应注意分辨。元、明、清时代的铁器与我们现在的铁器区别更是有限，墓葬中随葬铁器的情况越来越少了，但传世品的数量却增加了许多。

由上可见，中国古代铁器从其产生直至鼎盛历经了漫长的岁月长河，但铁器一直在人们的生活中扮演着重要的角色，铁器的发展直接推动着生产力的发展，今天铁器的鼎盛期和发展期依然没有结束，相信古老的铁器一定能在今后的岁月中进一步地推动生产力的发展，使人们的生活变得更加美好。

铁桦冠 汉代

第三章 铁器鉴定

铁猪 汉代

栩栩如生的铁猪 汉代

杂项 收|藏|入|门|百|科

铁锤范 汉代

铁斧 汉魏时期

铁六角器 汉魏时期

第三章 铁器鉴定

铁锤范 汉魏时期

铁锤范 汉魏时期

铁锄 宋代

铁锄 宋代

铁锤 汉代

第三章 铁器鉴定

铁斧 汉代

铁斧 汉代

铁斧 汉代

铁齿轮 汉代

第四章 金银器

杂项 收｜藏｜入｜门｜百｜科

金串饰 明代

  中国古代金银器常见，在人们生活当中扮演着重要的角色，一财富、二首饰、三炫耀的功能。金器在商周时期就有见，而且已经十分成熟，来看一则实例："金箔2件。MK4：7、20，见于车厢内隔南侧表面的东西两端，较薄，没有观察出形状，可能为装饰车箱之用"（中国社会科学院考古研究所山东工作队《山东滕州市前掌大商周墓地1998年发掘简报》简介），《考古》，2000年7期）。由此可见，西周时期金饰已十分成熟，不过像这样的例子并不多，在商周时期只有一些较为大型的遗址内才会出土，从造型上看，臂钏、耳环等都有见。秦汉六朝时期金器继续发展，来看一则实例："佩戴饰品器形有簪、发针、钏、指环、腰带饰、圆形片饰、心形片饰、鼓形饰、葫芦形饰、圆片挂饰、长方形片饰、卷边长方形饰、泡钉和泡等。M69：102，6件金钏和1件玉镯重叠成圆筒状，金钏环面折出突脊。直径7.3～8.1厘米，重198.8克"（云南省文物考古研究所、玉溪市文物管理所、江川县文化局《云南江川县李家山古墓群第二次发掘》，《考古》，2001年12期）。由此可见，汉代金器实际上与我们现在已基本无异，如金钏等，锤鍱、錾刻等工艺都有运用，

金钏 明代

金冥钱 明代

金串珠 明代

金冥钱 明代

金钏 明代

金钗 明代

只是在数量上没有明清时期及当代多而已，这可能与当时黄金的冶炼技术有关。唐宋时期基本也是这样，在延续前代的基础上缓慢发展，包括元代也是如此，这种趋势直至明清时期才有所改观，明代金器真正成为了人们日常生活中经常佩戴的首饰，得以普及，下面我们就以明代为例具体来看一下。

1. 金簪

金簪是明代妇女的头饰之一，在明代墓葬中十分常见，有的金簪就像是一只凤凰，振翅欲飞，金光闪闪，显示了明代高超的工艺水平，但一般情况下明代金簪的造型并没有如此的复杂，来看一则实例："金簪，4件。其中2件（M29∶2、3）和金包髻并附使用，共出一处。其形制相同，皆圆头，圆身。长9.8厘米。M29∶4，出土于金包髻旁侧。方圆头，头端两侧各有一小凸点，使簪头成一兽头状，折颈，方身。长10.6厘米"（南京市博物馆、雨花台区文管会《江苏南京市邓府山明佟卜年妻陈氏墓》，《考古》，1999年10期）。由此可见，金簪的造型主要以圆头、圆身，长条形为显著特征，有时头部会制作成兽头，总之是在基本的造型之下较为随意。大多数金簪并不是以繁复的造型来取胜，而是以隽永的造型来取胜。从镶嵌的情况来看，多数金簪并不镶嵌，只有少数金簪有镶嵌的情况，通常是镶嵌一些宝石类，工艺水平极佳，非金属的光泽与金光闪闪相结合，令人们如痴如醉，美不胜收，多为精美绝伦之器。当然还有一些呈现出的是钉形，来看一则实例："金簪，1件（SM1∶1）。钉形。长9.6厘米，重13.1克"（南京市博物馆《江苏南京市明黔国公沐昌祚、沐睿墓》，《考古》，1999年10期）。这件实例并不是孤例，而是

葫芦首钉形金簪　明代

第四章 金银器

葫芦首钉形金簪　明代

具有普遍性，在明代相当多的墓葬当中都出土了类似的造型。再看一则实例："金簪，2件。簪呈钉状。簪身饰一缠绕的盘龙，顶端饰为龙首。M1：7-1、2，长11.7厘米"（南京市博物馆《江苏南京市板仓村明墓的发掘》，《考古》，1999年10期）。由此可见，钉形的金簪是明代重要的造型之一，实际上在前面列举的实例从严格意义上也属于钉形的一种，显然明代金簪以素雅的造型出现，目的是削弱金器强势，更加显得有情趣。当然明代金簪在造型上是多种多样的，钉形为主，但其他的造型也是频繁有见，如，"金簪，1件（M1：16）。簪端以金片及金丝编成花叶形。长12.8厘米"（南京市博物馆、雨花台区文化局《江苏南京市戚家山明墓发掘简报》，《考古》，1999年10期）。由此可见，这件金簪是以金片及金丝编织而成的花卉形，使人联想到美丽的田园风光，也是一件十分有情趣的金簪。从完残特征上看，金簪虽然是细长形，但是由于金子本身柔韧性非常好，加之保存环境通常也比较好，一般金器出土时都是在墓葬或者窖藏当中，而且一般都放置在罐、盒等器皿内，有一个相对独立的空间，所以通常情况下金器很少有残缺的情况，这一点在鉴定时应注意分辨。

葫芦首钉形金簪　明代

葫芦首钉形金簪　明代

葫芦首钉形金簪 明代

葫芦首钉形金簪 明代

2. 金钗

金钗是明代妇女插于发髻的金制首饰，实际上是由两个金簪合并而成，有两股，这样可以有效地固定头发，同时又具有很强的装饰性效果，当然两股很长的金子也是炫富的重要首饰，戴上它的妇女不用说就知道有钱。来看一件实例："金钗，1件

（M29：6）。出土于头部位置。钗身两股，头端绕成如意云纹状。长8.6厘米"（南京市博物馆、雨花台区文管会《江苏南京市邓府山明佟卜年妻陈氏墓》，《考古》，1999年10期）。这件明代金簪并不是一件孤例，而是有很多这样的例子，我们就不再赘举。由这件实例可以看到其尺寸特征是8.6厘米，这样的长度其实对于金器来讲已经是不短了，试想一下两股金钗需要很多金子才能制作而成，但在实践当中通过我们的观察，9~12厘米左右的金簪数量有很多，可见人们对于金钗的钟爱与珍视。从造型上看，金钗的造型实际上很难有突破，因为两股器形显然限制了其在造型上的发展，而

金钗 明代

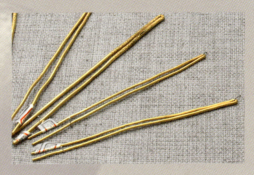

金钗 明代

唯独可以有较多造型变化的地方是头端，如上例这件金钗将头端制作成了如意云纹状，非常漂亮，也很壮观，给人以无限想象的空间。从造型的规矩程度上看，实际上金钗并不是特别规整，但不是指造型上的不规整，而主要是指并不像筷子那样平直，而是有褶皱和弯曲，但都是很小的弯曲，就是这样弯弯曲曲地向上延伸，这并不是一种缺陷，反而给人们一种美感，同时体现出金子的特性。而伪的金钗显然不具备这样的特征，一般情况下会比较平直，因为像这样随意的歪扭，几次就断掉了，当然这也是判定真伪的一个方法，不过一般情况下不要随意试，以免造成不必要的麻烦。从器物造型之间看，不同地区的金簪差异性较大，同一地区出土金簪在造型及大小上基本相当，特别是同一窖藏或者墓葬出土的器皿更是这样，鉴定时应注意分辨。从件数特征上看，墓葬和遗址内虽说都有出土，但从数量上看主要以窖藏内出土为多见，数量数十件的情况都十分常见，而墓葬当中出土多为1~2件。总之，明代是

一个使用金钗比较多的时代，看来人们是喜爱金钗那种稳重和质朴的造型，鉴定时应注意分辨。

金钗 明代

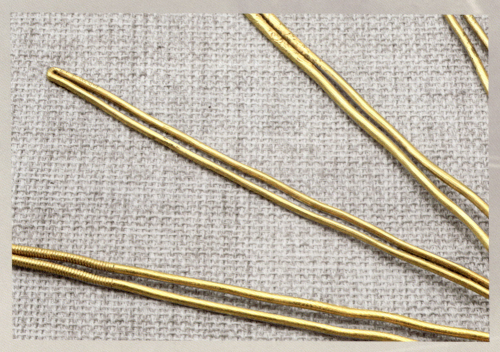

金钗 明代

3. 金镯

　　金镯是明代人们最爱佩戴的首饰之一,墓葬和遗址中常见,来看一则实例:"金镯,2件。圆形,镯的两边接口处各饰一龙首。M4:10-1、2,直径7厘米"(南京市博物馆《江苏南京市明黔国公沐昌祚、沐睿墓》,《考古》,1999年10期)。由此可见,这件金镯的造型非常漂亮,接口处为龙首,寓意盘龙,吉兆,从实物观测上看,很多明代金镯都是这种造型。另外,在镶嵌装饰上还有见镶嵌宝石的情况,但镶嵌装饰在金镯上并不是很常见,这一点在鉴定时应注意分辨。从造型上看,金镯一般情况下在造型上十分规整,工艺精湛,造型隽永,加之金光闪闪,多数属于精美绝伦之器。从完整情况上看,基本上明代金镯很少见有缺损的情况,多数完美如初,依然闪烁着耀眼的光芒,鉴定时应注意分辨。

金镯　明代

金钏 明代

4. 金钏

金钏是一种臂饰，很早就流行，但在明代可以说是十分盛行，金钏以串状存在，一串一串的看起来非常壮观，一般情况下可以调节松紧，适应不同的人来佩戴，长度多在十几厘米，直径六七厘米，作为金器来讲非常大，但金钏的一圈圈的直径比较大是因为要适应它的功能，这一点显而易见。从尺寸特征上看，国内出土的明代金钏虽然在具体尺寸上有区别，但是区别并不大，基本上是大同小异，微小的区别，原因很简单，就是因为有着功能化的限制。下面让我们来看一些其具体的特征：

（1）从圈数上鉴定

明代金钏在圈数上十分明确，一般情况下为 10 圈，其他的圈数特征也有见，如 13 圈的情况就常见，看来也没有过于明确的限制，但小于 10 圈的情况似乎是不多见，这一点在鉴定时应注意分辨，看来明代金钏的圈数的确是不少，目的显然是要给人们营造一种华丽的场面，金碧辉煌的感觉，所以圈数一般情况下都比较多，一圈绕一圈，圈与圈之间的大小不一，看起来非常壮观。

（2）从厚薄上鉴定

明代金钏在厚薄特征上比较鲜明，一般情况下有一定的厚度，但绝不是很厚，这种厚度往往是来自于视觉，厚薄均匀，不均的情况很少见。不过在现实中观测金钏，我们有时会看到一些弯曲的情况，那么可能会怀疑是厚薄不均，但是仔细观测显然不存在这种现象，鉴定时应注意分辨。

（3）从素面上鉴定

明代金钏有纹饰的情况不多，或者说很少见，基本上为素面的造型，由此可见，金钏主要是以造型取胜，而不是以装饰取胜，因为连绵不断的金圈已经是不断地在给人们震撼，所以说如果再装饰纹饰也不会起到太好的效果，因此一般情况下明代金钏多素面，鉴定时应注意分辨。

金钏　明代

（4）从光泽上鉴定

在光泽上，明代金钏通体闪烁着金色的光芒，美不胜收，由于金钏是一周周的圈组成的，所以可以说是金光四溢，相互交织在一起，使人目不暇接，所以说观看金钏完全是一场视觉的饕餮盛宴。另外，从铭文上鉴定，金钏有一些有铭文，内容多是度量衡、作坊等信息特征，但有一部分是没有铭文的情况，鉴定时应注意分辨。

5. 金荷包

金荷包在明代金器中十分常见，所见数量众多，这些荷包在造型上与现实生活

杂项 收|藏|入|门|百|科

金荷包 明代

当中的荷包基本相似,只是在大小上体积较小,各地发现的荷包虽然不一样大,但基本上有一个较为固定化的尺寸,一般情况下长度在4~5厘米左右,而宽度则是在2~3厘米之间,重量多在10克左右。空心的荷包,虽然手感较轻,但给人的心灵震撼却是很大的,通体金光闪闪。这些荷包多数正面装饰纹饰,而背面多是光素无纹,铸造方法以锻造为主,纹饰题材多以花卉为主,异常繁缛,花卉清晰,浅浮雕而起,线条流畅、细腻,挥洒自如,立体效果强,看起来非常漂亮。纹饰构图合理,讲究对称,繁而不乱,层次分明,给人以无限想象的空间。在做工上明代金荷包工艺精湛,讲究完美,敷衍的情况基本不见,可以说件件都是精美绝伦之器,鉴定时应注意分辨。

由上可见,明代金器真的是非常繁荣,当然明代金器还有相当多的品类,如金荷包、金冥钱、金碗、金盘、金币、金耳坠、金戒指、金束发冠、金狮、金香囊、金纽扣、金牌、金帽饰、金盒、金环、金锭、金串饰等,总之是种类繁多。在这些器皿中特别是金荷包、金帽饰、金币、金串饰等最为常见。金帽饰造型呈帽形,但多为平顶,装饰有繁缛的纹饰,錾花工艺常见;金币通常情况下是圆形方孔、器壁较薄,与真实当中的钱币基本相当。鉴定时应注意分辨。清代金器同明代基本相似,就不再过多赘述,鉴定时应注意到举一反三地看问题,而不应拘泥于书本。

另外,从银器上看,中国古代银器很早就有,基本上与金器产生于同一时代,与金器并肩共同发展,但是由于银是一种比金更容易提炼以及储量较大的金属,所以虽然和金往往是并列在一起,如金银器的称谓等,但实际上银器在历史上并没有金器那样辉煌,人们对于银器的态度始终都是不冷不热,银器很难说是在哪一个

第四章 金银器

金串饰 明代

时代达到绝对的辉煌,这一点直到我们现在都是这样。来看一则实例:"银盆,W2∶29,口径47.2厘米、底径26.2厘米、高11.4厘米。平折沿,斜弧腹,平底。腹部浅刻'容六斗十升十二斤十四两十九朱'"(韦正、李虎仁、邹厚本《江苏徐州市狮子山西汉墓的发掘与收获》,《考古》,2000年4期)。由此可见,这是一件量器,实际上在汉代不仅仅银器经常作为量器,而且还作为其他的实用器,如印玺等,可见银器的发展基本是挂在实用的基础上而前行的。当然装饰品的功能也有见,但显然不是主流,真正的贵妇佩戴银器的情况很少见。在六朝时期银碗、银筷等器皿大量出现,这并不完全是为了装饰的需要,而是为了测毒的需要,银器就是这样不断地经过发

金串饰 明代

展直至明清，当然在明清时期银器还是获得了一些发展，特别是明代中期政府承认银锭交易的合法性，明清时期银锭作为货币大量流行，银器皿总算实现了其社会的功能；另外，在明清时期一些瓶、盒、碗、盘、筷等银器也较为常见，在工艺水平上也比较高，纹饰细密、繁缛，力图给人以华丽的感觉，但这些器皿始终未成为社会上装饰的主流。鉴于银器在历史上的地位，过多就不再赘述了，鉴定时应注意分辨。

金币 明代

金狮子 明代

金狮子 明代

第四章 金银器

金串饰 明代

垂莲金帽饰 明代

垂莲金帽饰 明代

垂莲金帽饰 明代

金币 明代

金串饰 明代

第四章 金银器

银碗 五代

银盒 清代

银盒 清代

银锭 清代

银盒 清代

纹饰繁密银盒 清代

第四章 金银器

银锭 清代

第五章 钱币

杂项 收 藏 入 门 百 科

空首布 春秋

圜钱 战国

银币 民国

中国古代钱币在新石器时代就已产生，并以迅猛的速度发展，经历了漫长的岁月长河，唐宋以降，直至明清，产生了众多的器物造型和不同质地的货币，如贝币、布币、刀币、圜钱、铜钱、金币、玉币、石币、银锭、纸币、铁钱等，耳熟能详，犹如群星璀璨。当然货币一般等价物的本质特征决定了其具有阶段性的特性，如贝币是新石器时代的主流货币，布币流行在春秋战国时期。然而，古钱币流传到今天的数量并不是很丰富，如新石器时代人们广泛使用的贝币，由于材质的限制，大多数已经风化，留下来的多是玉币和贵金属货币，如铜钱、金银锭等。正是由于古钱币的稀缺性，从而导致其成为收藏市场上的宠儿，人们根据铜钱从早到晚的稀有程度和质量优劣来评判铜钱在今日的价值，这一评判的方法实际上就是我们目前拍卖和收藏市场上定价的标准。如空首布虽然在出土时大多都是窖仓规模出土，但其总量依然很少，所以，空首布币的价格在目前的市场上相比较而言较高，而且还有继续升值的空间。这主要是因为从历史的角度看，当时春秋战国时期所铸造的空首布数量本身就很少，遗留到今天的可能性更小。当然和空首布相对应的还有一些铜钱，虽然铜质较好，做工精湛，但由于数量较多，多到什么程度，说是"文革"时期人们在黄河岸边发现了一个窖藏，很多天没有人去管这件

第五章 钱币

"万历通宝"铜钱 明代

元宝形银锭 民国

"湖南省造"铜钱 民国

事情,最后有人去用拖拉机装满了一车拉到废品收购站,而这批钱币最终的命运也是被融化了。这是一个真实的故事,但可以说明的是历史上有的铜钱数量确实很多,特别是秦以后圆形方孔钱的数量更多,许多铜钱在市场上的表现也不是很好。但本书认为,这只是一个短暂的低谷,盛世收藏,今日中国恰逢盛世,目前钱币市场正在稳步攀升,这是由铜钱的不可再生性所决定的,越来越多的人去收藏古钱,再加之古钱的不可再生性,故必然会导致铜钱在市场上的表现会越来越好。而其他种类和质地的货币,如,贝币、玉币、石币……,虽然有的品相不是很好,但根据"物以稀为贵"的原则,近年来在市场上的表现也是不凡(姚江波著《中国古代钱币赏玩》,湖南美术出版社,2006年5月,第1版)。然而,在暴利的驱使下,加之古钱币作伪技术含量较低等特点,历代钱币伪器层出不穷,成为市场上的鸡肋。特别是20世纪80年代之后,中国古钱币市场上作伪之风日盛,鱼龙混杂,真伪难辨,古钱币的鉴定成为一大难题。而本章拟从文物鉴定的角度出发,细致入微地指导读者由古钱币的造型、厚薄、打磨、工艺、铜质等鉴定要素为切入点,配合精美的鉴定要点图片,用细部图,纤毫毕现,文字简练,一语中的,力求能够使读者鉴别古钱之真假、评估古钱之价值、断定古钱之时代。

有锈蚀空首布 春秋

精美绝伦王莽"货币"钱 汉代

空首布 春秋

空首布币 春秋战国

圜钱 战国

"一分"铜钱 民国

造型规整空首布币 春秋战国

未打磨干净圜钱 战国

杂项

第一节 贝币

1. 从时代上鉴定

　　贝币是中国最早的货币之一，至迟在新石器时代就已开始使用，夏商开始普遍使用，西周、春秋战国时期依然常见，直至宋元时期墓葬中依然有贝币随葬，但显然只是作为一种冥币来使用，如在元代墓葬当中还有发现。来看一则实例："贝壳器1件。M3：1，一侧钻有一0.2厘米的圆孔"（乌兰察布博物馆、察右后旗文物管理所《察右后旗种地沟墓地发掘简报》，《内蒙古文物考古》，1990年4期）。由此可见，贝币对于中国人思想的影响是深远的，跨越了时空。从具体时间上看，"铜贝产生于商代中晚期，流行于春秋战国时期，铜贝造型与海贝基本相似，有的比海贝稍大一些，也有的较小，造型隽永，制作精细，都经过较为细致的打磨。陶贝战国时期较为流行，数量很少。蚌贝战国时期较为流行，基本上属于偶见"（姚江波著《中国古代钱币赏玩》，湖南美术出版社，2006年5月，第1版）。石贝战国时期较为流行，数量较多，制作较为精致，有的看起来很有玉质感；金贝战国时期较为流行，都为鎏金，纯金的贝币数量不多；银贝战国时期较为流行，制作精美，数量也较多。当然，还有一些其他质地的贝币在历史上也存在，但由于影响很小，在此就不再一一赘述。

贝币　新石器时代至早商

贝币　新石器时代至早商

2. 从数量和出土位置上鉴定

贝币总体数量稀少，但出土位置多在墓葬，大多数是一到数十件，一些贵族墓葬出土的数量比较多，可达上百件甚至几千件，这样的例子不胜枚举，如殷墟妇好墓就出土数千件的贝币。

3. 从质地上鉴定

贝币作为一般等价物后实际上已经成为一种具有象征意义的符号，因此在质地上也是多种多样的，而这种多样化主要是随着人们对于其功能化的需求而不断发展。如为了弥补海贝长途运输的跋涉和不足，人们将蚌制作成贝形，从而使蚌贝也具有了货币的功能；同样的道理，人们用骨头、石头、陶、铜等不同材质的材料制作货币，不过其造型不约而同地指向了贝的造型，从而形成了骨贝、石贝、陶贝、铜贝、金贝、银贝等。在鉴定时应注意体会其功能性特征对于质地的影响，如陶贝不否认最初是有作为货币使用的特征，但由于其材质等各方面条件的限制，有很多实际上是作为专有的明器在使用。

4. 从大小上鉴定

贝币主要有大贝、中贝、小贝之分，来看两则实例："大小相同"（甘肃省文物考古研究所、礼县博物馆《礼县圆顶山春秋秦墓》，《文物》，2002年第2期）。贝币"大致可分为大、中、小三种"（洛阳市文物工作队《洛阳东周王城第5239号大墓发掘简报》，《考古与文物》2000年第4期）。由上可见，显然贝币在大小特征上的这种分法是相对的，并不具有绝对意义，但大多又是经过精心挑选，似乎从体积大小上可以看出不等的货币面值。我们随意来看一则实例："商代贝器，8件，背有穿孔，M26：45，长2.4厘米"（中国社会科学院考古研究所安阳工作队《河南安阳市郭家庄东南26号墓》，《考古》，1998年10期）。像这样的例子较多，就不再赘举。通常情况下海币自然的大小"多在2~4厘米左右，其他质地的贝币基本也都参考这个尺寸"（姚江波著《中国古代钱币赏玩》，湖南美术出版社，2006

年5月，第1版）。可见，所谓自然贝币在大小、重量等方面不一致，或者说具有微观上的差别化特征，这实际上与货币所要求的一致性特征有差距。为了弥补这一不足，楚国仿贝的铜贝基本解决了这一问题，这种铸造有文字的铜贝，外形如蚂蚁从鼻子上爬过，有的像鬼脸，俗称"蚁鼻钱"和"鬼脸钱"，其大小和价值向货币化又迈进了一大步。

5. 从功能上鉴定

贝币顾名思义主要应该是货币的功能，交换中的一般等价物，流通、流动性是其基本特点，关于这一点来看一则实例：

蚁鼻钱 战国

新石器时代"海贝，92枚。多数磨损较重，可能是流通货币并兼作装饰品"（青海省文物管理处、海南藏族自治州民族博物馆《青海同德县宗日遗址发掘简报》，《考古》，1998年5期）。这不是一则孤例，像这样的实例很多，但由上可见，早期海贝的确是当时人们主要使用的货币。另外，贝币的一个重要功能还类似于现在的黄金储备，具有财富储备的功能，"蚌贝器，蚌器丰富，绝大多数出于棺内。但由于长期浸泡在水中等因素，大多数蚌器在出土时成粉末状。能辨识器形的有蚌泡、鱼、片饰、刀、镰。贝币近千枚，均经过加工。"（河南省文物考古研究所、周口地区文化局《河南鹿邑县太清宫西周墓的发掘》，《考古》，2000年9期）。在海贝作为货币流行的西周时期，近千枚的海贝储藏在一起，显然是具有储备功能。另外，海币在古代饰品的功能也非常突出，来看一则实例："海贝1件（C:1）。装饰品。一端磨成乳钉形，便于系绳。长2.2厘米、残宽0.8厘米"（新疆文物考古研究所、哈密地区文物管理所《新疆哈密市艾斯克霞尔墓地的发掘》，《考古》，2002年6

期）。再来看一则实例："贝饰124枚（36号）。有串贝饰和贝饰两种"（山东省文物考古研究所《山东梁山县东平湖土山战国墓》，《考古》，1999年5期）。可见海贝在中国历史上除了拥有货币的功能之外，还具有饰品的特征，这一点毋庸置疑。但这两种功能在时间上具有强势和弱势之分，海币货币功能处于早期，如，新石器时代、夏、商、西周等时期，而饰品功能则是在春秋战国之后，这一时间特征在鉴定时应注意体会；另外，海币随葬明器的功能也十分突出，从新石器时代直至宋元都有这种习俗，只是在专有明器上有区分，早期明显为实用器下葬，而后期则演变为专有明器的功能，鉴定时应注意分辨。

贝币　新石器时代至早商

6. 从地域上鉴定

贝币在功能上具有地域性特征，其主要规律是中原地区在新石器时代晚期、夏、商、西周时代是主流货币，同时周边地区也是这样，然而随着时间的推移，在春秋战国时期贵金属货币铜逐渐代替了贝币，如蚁鼻钱、空首布、刀币、圜钱、圆形方孔钱等，以其重量、大小统一的固有优点，开始流行，贝币至迟在战国时期在中原地区已经基本沦落为装饰品和随葬的明器，或者说主要功能有了这样的变化。而当时的周边地区贝币的使用则正酣，其货币和饰品的功能延续时间比较长，甚至到汉唐时期这些功能还很强劲，这种地域性特征在鉴定时应注意分辨。

蚁鼻钱　战国

7. 从造型上鉴定

贝币造型为海贝的天然形状，通常为"圆形"（甘肃省文物考古研究所、礼县博物馆《礼县圆顶山春秋秦墓》，《文物》，2002年第2期），有时呈"枣核形"（洛阳市文物工作队《洛阳东周王城第5239号大墓发掘简报》，《考古与文物》，2000年第4期）。当然还会有其他的造型，但不能偏离海贝的基本造型，如果贝币造型怪异，严重偏离贝壳原有的造型，那么显然就应该判定为伪器。另外，通常情况下贝币的"正面略鼓突"（甘肃省文物考古研究所、礼县博物馆《礼县圆顶山春秋秦墓》，《文物》，2002年第2期），且"正面有齿槽"（洛阳市文物工作队《洛阳东周王城第5239号大墓发掘简报》，《考古与文物》，2000年第4期）。这些都是海贝造型天然的特征。

8. 从加工上鉴定

海币作为贝币来使用，通常经过加工，"贝币近千枚，均经过加工"（河南省文物考古研究所、周口地区文化局《河南鹿邑县太清宫西周墓的发掘》，《考古》，2000年9期）。下面我们具体来看一下：

贝币 新石器时代至早商

（1）磨平

通常情况下加工非常简单，多为背部磨平，这样多数会形成"背面平整"（甘肃省文物考古研究所、礼县博物馆《礼县圆顶山春秋秦墓》，《文物》，2002年第2期）；但有时贝币也呈现出"背内凹"的情况（洛阳市文物工作队《洛阳东周王城第5239号大墓发掘简报》，《考古与文物》，2000年第4期）。由此可见，海币是否加工及其造型，主要是根据海币自身的特点来进行，并无统一模式。

（2）穿孔

贝币的造型多数背部有穿孔，来看一则实例："海贝121枚。标本

F13M4∶2，白色，背部有一孔"（北京市文物研究所、北京大学考古文博院、中国社会科学院考古研究所《琉璃河遗址墓葬发掘简报》，《文物》，1990年第4期），通常多为单孔，大小不一，极小者少见，穿孔目的显然是为了穿系的需要，携带更为方便，其造型多为"中间穿孔"（甘肃省文物考古研究所、礼县博物馆《礼县圆顶山春秋秦墓》，《文物》，2002年第2期）。但这里所谓的"中间"并不具备绝对意义上的尺寸特征，只是视觉概念而已。再者，少数无穿孔的贝币也有见，来看一则实例："无钻孔"（洛阳市文物工作队《洛阳东周王城第5239号大墓发掘简报》，《考古与文物》，2000年第4期）。鉴定时应注意分辨。

9. 从齿纹数上鉴定

贝币齿纹数特征实际上也是海贝自身固有特征，如："齿纹数11~13对"（洛阳市文物工作队《洛阳东周王城第5239号大墓发掘简报》，《考古与文物》，2000年第4期）。但这一实例所反映特征并不绝对，由于自然生成的海币个体之间细微的差异化特征还比较复杂，所反映到齿纹数上的数量也比较复杂，齿纹数12对、甚至15对的情况也都有见，本书实例所举对数只是一个参考数据而已。

10. 从尺寸上鉴定

（1）直径

贝币的长度也是比较复杂，大贝、中贝、小贝在长度上区别明显，但又不具备绝对意义上的尺寸标准，多以视觉为判断标准，仅洛阳东周王城第5239号大墓就出土了诸多型号的贝币，如："1.5~1.8厘米、1.6~1.9厘米、1.7~2.1厘米、2.2~2.3厘米、2.7~2.8厘米"（洛阳市文物工作队《洛阳东周王城第5239号大墓发掘简报》，《考古与文物》，2000年第4期）。由此可见其繁复程度，不过通常情况下是在1.1~1.9厘米，过大和过小的情况不太多见。

（2）厚度

贝币厚度特征比较复杂，同样这也是由其自然生长的个体差异化特征所致，同时与大贝、中贝、小贝的体积也有关系，越大的海贝厚度越大，反之则越小。来看一则实例："厚 0.4 厘米"（甘肃省文物考古研究所、礼县博物馆《礼县圆顶山春秋秦墓》，《文物》，2002 年第 2 期）。但这一实例也只是一个参考数据而已，一般 0.2~0.6 厘米左右的情况都有见，这一点在鉴定时应注意分辨。

11. 金铜结合贝币

贝币发展到一定阶段后产生了贵金属贝，铜贝并不是最为高级的贝币，而且产生了金贝，但金的冶炼在那个年代非常困难，在这种形势之下古人采取了折中的办法。来看一则实例："包金铜贝 5 组（532 枚）。M10：41，15 件，形制相同。包金，器中部内凹且有长条形穿孔。素面。长 2.3 厘米"（河北省文物研究所、邢台市文物管理处《河北邢台市葛家庄 10 号墓的发掘》，《考古》，2001 年 2 期）。由上例可见，这种贵金属币数量很多，而且制作精良，形制大小一致，非常适宜于作为标准的货币来使用，这可以说是贝币发展的最高级形态。不过即使这样，金铜结合贝币在制作成本上显然是略高，因为从历史地域的角度来看，这种货币虽然出现在当时的冶炼中心邯郸附近，但犹如"昙花一现"，并没有推广开来，在鉴定时应注意分辨。

12. 从完残上鉴定

贝币历经数千年的岁月，在当时使用着的贝币绝大多数已经风化成为碎粉，随风飘逝在历史长河之中，不过在一些墓葬和遗址中还有少量遗存，特别是墓葬当中有时可以发现数百成千的海贝，但这些海币多数有磨损。主要有两个鲜明的特征，一种情况是好的是形状还有保留，完好无损者有见，但数量比较少；第二种情况是残缺严重，多数已经是残为碎粉，只能从外表上分析这是贝币。

第二节 布币

随着生产力的发展，贸易的扩大化，天然的贝币显然已经不能适应，于是金属货币产生了，其中布币是最为重要的一种，在当时的诸侯国之间流行较广。来看一则实例："平肩空首布：1件（ClM6767：7）。长銎，平肩，弧足，面、背中间有一道竖纹，两侧各有一道斜纹。通长6.5厘米、身长3.8厘米、肩宽3.3厘米、足宽4厘米"（洛阳市文物工作队《洛阳东周王城内春秋车马坑发掘简报》，《考古与文物》，2003年第4期）。由此可见，在当时的东周王城内这种金属货币的使用十分广泛，为人们物物交换的主要媒介。下面来看一下布币的主要特征：

1. 从渊源上鉴定

布币铲形，由原始社会的农具演化而来，这一点从空首布上安装木柄的銎可以看得很清楚，估计应为原始农具铲，古代称镈一类的形状演变而来，但随着时间的推移，由于货币功能性的改变，原始农具的造型逐渐发生进化，除去了其原有造型上安装木柄的銎，逐渐由空首布演变成为平首布，因此空首布在时代上应早于平首布，平首布在造型上更为成熟，弧度更加流畅自然；另外，如果说空首布上还保留有各种各样枝杈状态的铜削和打磨不平整的现象，这些都很正常，但是如果说是平首布有这种情况，就应该注意分辨真伪。所以，"我们在鉴赏此类古钱币的造型时一定要注意它的来源，因为，任何钱币造型的产生都不可能是无源之水，必然有着深刻的历史文化积淀，而如果不能理解这种源泉性的东西，我们就会觉得布币很怪，很难真正的理解它"（姚江波著《中国古代钱币赏玩》，湖南美术出版社，2006年5月，第1版）。

2. 从名称上鉴定

这种铲子形状的金属货币之所以称为布币，这主要是因为"铲状工具曾是民间

空首布币 春秋战国

空首布币 春秋战国

铲形空首布币 春秋

用鎏空首布币 春秋

交易的媒介，故最早出现的铸币铸成铲状。布本为麻布之意，麻布也是交易媒介之一。当铜币出现后，人们因受长期习惯的影响，仍称铜钱为布"（吴荣曾《布币》，《中国大百科全书·博物馆卷》，中国大百科出版社，1986年8月第1版）。也有认为从青铜农具镈之音演变而来，实际上究竟因何而来之名称并不重要，重要的是这种特殊的农具造型在春秋战国时期正式登上了历史舞台。

3. 从时代上鉴定

布币的产生应该是比较早的事情，因为在海币数量不能适应交换需要后，人们对于其替代品进行了多种尝试，如铜贝、金贝、银贝、陶贝、蚌贝等，包括对于铜的各种造型的尝试，因此布币的出现是历史的必然。布币至迟在春秋晚期已经十分流行，延续至战国时期，但它的出现时期一些学者认为是商晚期，也拿出了一些旁证，但本书认为西周晚期至春秋早期布币已经正式出现，只不过略粗，看起来较为原始，鉴定时应注意分辨。从流行时间上看，布币使用时间主要在春秋战国时期。在战国晚期，由于秦国的兴起，秦国的圆形方孔钱逐渐占据统治地位，布币自此衰落。

4. 从种类上鉴定

布币在种类上可以分为空首布和平首布、殊布等；从首部特征上看，可以分为平首布、圆首布等；从肩部特征上看，可以分为耸肩、平肩、斜肩、圆肩、尖肩等；从足部特征上看，可以分为尖足、平足等。在具体造型上这些特征相组合，有时"你中有我，我中有你"，相互打破的情况十分常见，情况还是较为复杂，如，平肩弧足、耸肩尖足、斜肩弧足、平肩平足就十分常见。来看一则实例："斜肩空首布：1件（C1M6767：8）。长銎，銎中部有一方穿，斜肩，足残，面、背中间有一道竖纹，两侧各有一道斜纹。残长6厘米、肩宽3.9厘米"（洛阳市文物工作队《洛阳东周王城内春秋车马坑发掘简报》，《考古与文物》，2003年第4期）。总之，布币的造型从细节上区别很大，但是从大的造型类别上看区别不大，很直观，一眼就可以看出是布币，包括殊布的造型也是这样。殊布的造型实际上是在布币基础上的变异，

布币 春秋

有锈蚀空首布 春秋

空首布币 春秋

空首布币 春秋战国

或者说是略微抽象化的过程，整个体型变得细长，边有周郭，厚薄不一，具体的造型十分复杂，但在鉴定时我们只要抓住主要的原则就可以进行基本的判断。

5. 从地域上鉴定

布币在春秋战国时期是一种很重要的货币，但显然不是所有国家和地区都使用的货币，这一点显而易见，其主要使用的地区应该是晋国，包括后来的三国分晋后的韩国、赵国、魏国等国。另外，齐国、楚国、郑国、宋国等诸侯国都有使用，而且还是一种很重要的货币，这一点从出土数量上可以很清楚地看到，鉴定时应注意分辨。

6. 从铭文上鉴定

布币之上的铭文十分丰富，但字数并不多，多为1~2个字，几个字的情况也有，但比较少见，如：记录数字的"二""四""八""十"等；记录地名的"武""成""石""戈""台""鬲""邯郸""卢氏""三川釿"等；记录物品名称的"市""井""册""金"等。另外，还有一些天干地支、吉祥语等的铭文都常见。通常情况下这些铭文线条较为流畅、挺拔，具有一定的书法造诣水平，不是作伪者可随意仿制的，因此在鉴定布币时铭文也是很重要的一点，应将真品的文字线条熟记于心，仔细观察，反复揣摩。

7. 从出土地点上鉴定

布币的出土各地都有见，但数量比较大的地区应该与布币的流行区域是一致的。在周的两京地区布币有大规模的出土，如西安和洛阳周边的县、市、区都有大规模的出现，三四百枚、五六百枚甚至一千多枚的情况也都常见，基本上都是以窖藏出土为主，有的是战乱时期人们仓促埋入地下的，关于这一点的具体描述来看一则资料，"空首布的出土多是在当时的中原地区，如今天的河南、山西、陕西、河北、山东等地，特别是河南豫西一带出土较多，如卢氏、陕县、新安县、伊川县、孟津县、宜阳县、洛宁县、渑池县、灵宝市、义马市等地都有大规模的空首布出土。伊川曾经有一个农民在挖自家的麦田时发现了一个较小的窖仓，但里面也有600多枚基本是完好无损的空首布，后辗转被博物馆收藏。实际上农民的经历在豫西地区不是偶见，可以说是很常见的现象。豫西地区多出土空首布的原因可能有二：一是位于东周首都洛邑的周边；二是这一带的土质较为干燥，十分适合埋藏青铜质地的空首布，相信如果是在南方地区十分潮湿的泥土里，恐怕薄薄的空首布早已被锈化为乌有了"（姚江波著《中国古代钱币赏玩》，湖南美术出版社，2006年5月，第1版）。但春秋战国布币的出土不局限于这些地区，因为布币在当时作为最重要的货币种类之一，它的流动性很强，在其他地方也很有可能会有小规模，甚至是大规模的窖藏出现，这一点是无疑的。

8. 从空首布上鉴定

空首布的造型由于与农具铲的造型比较相近，因此给人们以深刻的印象，而空首布基本上就是一个缩小的铲子的造型，越是早期的空首布其銎越长、越方，看起来越原始，如耸肩、尖足空首布就常见，空首布有柄、带方銎者也常见，但随着时间的推移，空首布在銎上开始弱化，这种弱化往往体现在精致程度增加、变小、长銎中部的方穿开始退化，直至变无；体型也是从近乎标准的铲形，逐渐向面近长方形发展，上部略窄；体也变得越来越薄，直至最终平首布的出现。

9. 从平首布上鉴定

平首布的造型显然是由空首布演变而来，是空首布造型的进化和抽象化的结果，而这种结果所带来的影响是全方位的，并不仅仅是平首失銎的变化。从器壁上看，平首布的造型壁开始变薄，这种变薄不是某一件平首布和某一件空首布的对比，而是整体性的，币身整体呈现出片状感，已经完全脱去了原始的气息，整个造型弧度感已经很强烈，这样的布币携带在衣服兜里显然已经十分方便。显然平首布应该是空首布的发展，取消了没有实际意义的銎为空的情况，一般情况下平首布比空首布要轻，体积也要小，但基本造型还是铲形。不过可以看到，平首布的造型在基本造型不变的情况下又有向多元化发展的趋势，而主要变化的点则是：足肩部等都有很多的变化，在长短上也有一定的改变。来看平首布的一些特点：类方足平首布，显著特征是足很像是方足，但又很明显不是标准的方足造型，主要流行于赵国和魏国及其周边地区；小方足平首布，实际上与类方足平首布很相像，形体可能是小了一些，在战国时期魏、韩、赵、晋、燕等国或多或少都有使用；方足平首布，基本上为标准的方形足造型，魏、韩、赵、燕等国都大量使用；类圆足平首布，足部造型为不规则的圆形，主要在赵国流行；弧足平首布，足部造型为穿弧形，主要在魏国流行，韩、鲁、宋等周边国家也有使用；平肩平足平首布，此类布在首的顶部形成两个锐角，也称之为锐角布，在韩国较为流行；穿孔平首布，圆肩、圆首、圆足，在首部和两足各有穿孔，所以也称之为三孔布，主要流行于赵国及周边地区；圆肩圆首圆足布，它与穿孔平首布的区别就是没有穿孔而已，有大小之分，主要流行于赵国及周边地区（姚江波著《中国古代钱币赏玩》，湖南美术出版社，2006年5月，第1版）。

10. 从殊布上鉴定

殊布是平首布进一步抽象化和演变的结果，其体形狭长，首上有圆孔，造型不一，如平肩、方足、方裆等常见，此类货币足部较宽，足间距较小，造型分大小，主要流行于楚国，在韩国、越国、鲁国等地也有见，今天的河南东部、安徽、江浙、山东等地都有发现；小的殊布迄今为止发现的数量不多，看来在当时并没有真正流行起来，实际上本书认为平首布已经将布币发展至一个相当高的阶段，殊布并不是一种进步，而实质上造型进一步的变小，则体现出来的很明显是布币的衰落，这一点在鉴定时应注意体会。

11. 从锈蚀上鉴定

布币在锈蚀上特征十分明确，来看一则资料："多有淡淡的一层锈蚀，颜色多为淡绿色，也有其他相间的色彩，从锈迹的情况与其他器物比较来看，布币的锈蚀情况不属于很严重，因铜锈而发生穿孔的情况也很少见"（姚江波著《中国古代钱币赏玩》，湖南美术出版社，2006年5月，第1版）。但这类是品相比较好的布币，主要存在于洛阳和西安等黄土高原比较容易保存铜质钱币的地方，在全国并不具普遍意义。一些南方雨水多的地区偶见出土的布币，锈蚀就非常严重，损失惨重。这还是属于好的，其实在保存环境不佳的地区很多布币已经被锈蚀得化为乌有，我们今日不得而见。另外，从粉状锈上看，粉状锈被称为青铜器的癌症，其特点是以点开始逐渐向四周扩散，最终使得青铜器化为乌有，这种锈非常难以控制，目前多用机械法处理，但不能完全修复好。不过庆幸的是，从目前出土的空首布来看，较少发生粉状锈，这可能是因为布币在当时是流通货币，所以在铸造时专门考虑到了这一点，在铜质的使用等各个方面比较讲究。这一点我们在鉴定时可以将其作为一个鉴定要点来使用。

12. 从尺寸上鉴定

布币由于分为空首布、平首布、殊布等不同种类，体积不同，所以在尺寸上区别较大，鉴定时注意分辨。同一种布币在大小上也有区别，但区别比较微小，特别是统一窖藏或墓葬出土的器皿更是这样，但也有区别，下面我们来看一组作者亲自测量的战国"三川釿"空首布的具体尺寸特征（姚江波著《中国古代铜器鉴定》，湖南美术出版社，2009年3月，第1版）：

SC：1. 通长 8.6 厘米　　足距 5.1 厘米　　首边长 1.8 厘米 × 1.1 厘米　　肩宽 4.4 厘米

SC：2. 通长 8.4 厘米　　足距 4.7 厘米　　首边长 1.8 厘米 × 1.1 厘米　　肩宽 4.1 厘米

SC：3. 通长 8.6 厘米　　足距 4.9 厘米　　首边长 1.7 厘米 × 1.1 厘米　　肩宽 4.2 厘米

SC：4. 通长 8.9 厘米　　足距残　　首边长 1.6 厘米 × 1.1 厘米　　肩宽 4.2 厘米

SC：5. 通长 9.1 厘米　　足距 4.7 厘米　　首边长 1.7 厘米 × 1.2 厘米　　肩宽 4.3 厘米

SC：6. 通长 8.7 厘米　　足距 4.7 厘米　　首边长 1.7 厘米 × 1.1 厘米　　肩宽 4.2 厘米

SC：7. 通长 8.2 厘米　　足距 5.1 厘米　　首边长 1.7 厘米 × 1.1 厘米　　肩宽 4.2 厘米

SC：8. 通长 8.8 厘米　　足距 4.9 厘米　　首边长 1.7 厘米 × 1.2 厘米　　肩宽 1.2 厘米

SC：9. 通长 8.8 厘米　　足距 4.9 厘米　　首边长 1.7 厘米 ×1.1 厘米　　肩宽 4.0 厘米

SC：10. 通长 8.9 厘米　　足距 5.0 厘米　　首边长 1.8 厘米 ×1.1 厘米　　肩宽 4.1 厘米

SC：11. 通长 8.9 厘米　　足距 4.9 厘米　　首边长 1.7 厘米 ×1.2 厘米　　肩宽 4.3 厘米

SC：12. 通长 8.8 厘米　　足距 4.8 厘米　　首边长 1.7 厘米 ×1.1 厘米　　肩宽 4.0 厘米

SC：13. 通长 8.8 厘米　　足距 4.8 厘米　　首边长 1.7 厘米 ×1.1 厘米　　肩宽 4.2 厘米

SC：14. 通长 1.8 厘米　　足距 4.8 厘米　　首边长 1.8 厘米 ×1.2 厘米　　肩宽 4.3 厘米

SC：15. 通长 8.6 厘米　　足距 5.0 厘米　　首边长 1.7 厘米 ×1.2 厘米　　肩宽 4.4 厘米

SC：16. 通长 9 厘米　　足距 4.9 厘米　　首边长 1.8 厘米 ×1.1 厘米　　肩宽 4.2 厘米

SC：17. 通长 9.2 厘米　　足距 4.9 厘米　　首边长 1.8 厘米 ×1.4 厘米　　肩宽 4.2 厘米

SC：18. 通长 9.1 厘米　　足距 5.0 厘米　　首边长 1.9 厘米 ×1.1 厘米　　肩宽 4.4 厘米

SC：19. 通长 8.9 厘米　　足距 4.9 厘米　　首边长 1.7 厘米 ×1.3 厘米　　肩宽 4.2 厘米

SC：20. 通长 8.6 厘米　　足距 4.9 厘米　　首边长 1.7 厘米 ×1.9 厘米　　肩宽 4.1 厘米

SC：21. 通长 8.7 厘米　　足距 4.9 厘米　　首边长 1.8 厘米 ×1.1 厘米　　肩宽 4.2 厘米

SC：22. 通长 8.7 厘米　　足距 5.0 厘米　　首边长 1.7 厘米 ×1.1 厘米　　肩宽 4.4 厘米

以上是一个较为详细的空首布的尺寸列表。由该列表可见，空首布其尺寸之间会有微小的差别，这种差别可能视觉上察觉不到，但数据显示的确是有差别，这还是同一个窖藏出土的布币，如果是不同墓葬出土的布币，可能在尺寸上差别会更大一些，这一点毋庸置疑，起码通长 9.5 厘米的经常可以看到。其中的原因主要应该是铸造打磨得不细致所导致的微小差别，但这种差别恰恰成为我们鉴定时一个很重要的因素，因为打磨程度主要取决于工匠的细腻程度、布币边缘多余的铜质剔除干净程度等，其很难定量，所以布币在尺寸上也就形成了看起来相似，但实际上尺寸有差别的特点。

另外，从厚薄上看，空首布通常不会太薄，而平首布则会比空首布薄，殊布在厚度上则进一步变薄；从肩宽上看，布币的肩宽特征较为固定，主要集中在 3.2~5.1 厘米；从足宽上看，布币足宽特征较为固定，主要集中在 4.2~5.3 厘米。

从布范上鉴定，布币的范在古代相当珍贵，发现并不是很多，《中国大百科全书·考古卷》述："河北易县燕下都遗址中发现有铸造小尖足布、小方足布的泥质铸范；内蒙古包头附近，发现过几方铸造安阳小方足布的石质面范和背范"。由此可见，铸造布币的范，大多为陶范，也有少量的石范。下面来看在河南三门峡虢国都城遗址中发现的1件陶布范，"其胎质为泥质灰陶，由上下范和小铲柄组成，相互套合在一起，看起来较厚，长度特征在20厘米，宽度10厘米，小铲长6~8厘米"（姚江波著《中国古代钱币赏玩》，湖南美术出版社，2006年5月，第1版）。这是一组保存较为完好的翻模，胎体坚硬，烧造温度很高，从出土位置来看，在当时虢国的都城遗址诸侯王宫殿遗址内发现，应该是当时铸造钱币时所使用的实用器皿；不过从发现布范的数量来看，可见布范在春秋时期应该生产量很大，而且就相当于当代铸造钱币的工厂一样，布范在当时保密程度相当高，主要藏于宫廷之内，以防止民间私铸滥造。

第五章 钱币

北方地区出土空首布币 春秋

窖藏出土空首布币 春秋

尖足薄胎规整空首布币 春秋

斜肩空首布币 春秋

规整空首布币 春秋

空首布币 春秋

空首布币 春秋

广为使用的布币 春秋

第五章 钱币

空首布币 春秋

布币 春秋

"卢氏"空首布币 春秋

"武"字空首布币 春秋

豫西地区出土空首布币 春秋

空首布 春秋

空首布币 春秋

造型简洁空首布币 春秋战国

第五章 钱币

空首布币 春秋

精美绝伦空首布币 春秋战国

河南地区空首布币 春秋

河南地区空首布币 春秋

杂项 收|藏|入|门|百|科

精美绝伦空首布币 春秋

带銎空首布币 春秋战国

标准铲形空首布币 春秋战国

较薄空首布币 春秋战国

第五章 钱币

平首布币 战国

失鋬平首布币 战国

略有锈蚀空首布币 春秋

略有锈蚀空首布币 春秋战国

杂项

略有锈蚀空首布币 春秋战国　　略有锈蚀空首布币 春秋

空首布币 春秋　　斜肩空首布币 春秋

第五章 钱币

空首布币 春秋

空首布币 春秋

空首布币 春秋战国

未打磨干净空首布币 春秋战国

未打磨干净空首布币 春秋

空首布币 春秋

鋆略有缺失空首布币 春秋战国

陶布币范 春秋早期

第三节 刀币

战国时期产生了著名的刀币，刀币的产生有着深刻的历史文化渊源，刀币的造型与商周时代青铜刀有相似之处，同时与商周时期用于交换的玉刀造型也有渊源，不过从造型上看，战国刀币其造型与商代青铜刀极为相似，有的时候两者的造型很难分辨，容易让人产生时空错乱之感，两者的相异之处可能是两者相比铜刀要略小一些。由此可见，铜刀乃是铜刀币在造型上的祖形。铜刀之所以能够成为货币，这一点从铜刀本身的功能上分析，显然是很正常的事情，因为无论是商周时期小的铜刀、还是玉刀，在当时本身就曾经作为一般等价物，也就是类似于货币的功能出现过，而且一种是贵金属，一种是和田美玉，给人们留下的印象是深刻的。所以，刀币在战国时期货币种类不断频出的时代里应运而生，也是再正常不过的事情了。"刀币在春秋时期尚无科学的考古发现，只是在战国时期才出现，流行于燕国、齐国、赵国和中山等国，但我国古代刀币有一个显著的特点，就是自产生之日起就迅速地达到鼎盛，大量地铸造，然后流通，然而遗憾的是消亡也像是成正比似的，在秦统一后圆形方孔钱作为法定货币之后，刀币也走入历史，成为人类社会物质文化史中的一个美好的记忆"（姚江波著《中国古代钱币赏玩》，湖南美术出版社，2006年5月，第1版）。可见战国时期的刀币并非是在当时诸侯国统一流行的货币，只是燕国、齐国、赵国等几个在地缘上相近的

青铜刀 商代

带环铜刀 商代

玉刀 西周晚期

国家使用的一种货币之一,因为像赵国不仅仅是刀币盛行,而且也流行布币等。下面来看其一些基本特征:

1. 从造型上鉴定

战国刀币从造型上看特征较为鲜明,与真正渔猎用刀在造型上还是有一些变化。首先是造型变小,刀背向上翘的程度压低,锋刃、刀尖消失,非常钝,刀环以圆形和椭圆形为主,总之一切目的是为了携带和交流的方便而设计。当然,作为货币出现的刀币客观上需要具有统一的造型,这样有利于流通,而实际上我们看到的刀币造型却是多种多样,针首刀、尖首刀、明刀、圆首刀等。这些刀币在体积上也有较大区别,不过这并没有改变刀币作为货币的本质。如果我们仔细观察可以看到,虽然刀币的种类很多,但同一个种类之间的刀币在造型上基本相同,只是铸造和打磨的精致程度上有所区别,看来刀币祖形的观念在人们的心目中根深蒂固,刀币的设计可以有各种变化,但这些变化都不从根本上触及铜刀的基本造型,这是其造型的基本特点。

2. 从类型上鉴定

刀币从类型上看主要以国别为主,不同国家铸造的刀币在造型、纹饰、铭文等诸多方面存在区别,大体上可以分为"齐国刀""燕国刀""赵国刀"三类,可见国家在当时的货币铸造中起着绝对主导的作用。这些刀币在这些国家是主要的货币,

精美绝伦明刀币 战国

类似刀币的铜刀 商代

用于人们日常生活中的各种交易，不同国家之间的贸易也十分频繁，当然这与其地缘相近有密切关联。从发掘出土数据来看，使用刀币的国家互相之间的刀币也有较多的出土，如今天山东省的济南、淄博及青岛、日照等地都有很多刀币被发现；而一些在地缘上偏远的国家则很少发现刀币，如今天陕西省的西安（也就是当时的秦国）发现刀币的数量就有限，可能是因为这些国家使用的刀币还不太被认可。也正是这些原因导致了刀币在地缘上的范围，多是在本国或是流行刀币的国家互相流通，并没有在全国流行起来，这一点在鉴定时应注意分辨。

3. 从铜质上鉴定

刀币的铜质在选料上较优，有着强烈的复古主义思潮，为铜、锡、铅的合金，与商周时期青铜器的配比基本相似，只是在比例上有所区别。当然，不同国家由于国力不同，在铸造刀币之时，所使用的铜、锡、铅的配比也不同，如齐国刀币铜的配比较高，而赵国和燕国的比例则不如齐国。我们知道铜的配比越高，则说明刀币越纯，而且铜的比例高了以后整个刀币的韧度将大大增强，刀币折断的概率就小得多，这也使有些齐国刀币今天看起来依然完好无损，犹如当时流通交流一般；而铅、锡配比较高的刀币，外表看起来很漂亮，甚至比铜配比高的刀币看起来更为诱人，因为它的亮度和光泽度会比较好，从实用的角度来看显然也是没有问题的，但这却能够反映当时国家实力之间的差别，也能够反映出为什么刀币不能成为当时各个诸侯国之间流通货币的深层次原因。因为在当时货币的硬挺程度不像我们现在有很多指数，而是非常原始和直接，就是贵金属的硬通性，也就是铜含量的多少。齐国刀币铜含量有的甚至达到了70%左右，在当时显然是较为硬通的货币，必然受到欢迎，而燕国刀币的铜含量从发现的情况来看一半都到不了，这显然不能与齐国刀币相提并论。当然，这也是各个国家之间不能相互认同的原因。同时，我们也可以看到，当时的国家对于货币铸造和发行的影响力之大是显而易见的。这些特征在鉴定时应注意分辨。

铜刀 商代

4. 从锈蚀上鉴定

刀币锈蚀严重与否主要与埋藏环境有关。如果窖藏密闭比较好，没有腐蚀，那么刀币的锈蚀就不会很严重，只有一层很薄的铜锈；如果埋藏环境不是很好，锈蚀就会比较严重，可能会有斑块状的锈蚀，分布并不规则，手感会有明显的突兀感。另外，刀币的锈蚀还与铜的科学配比有一定关系。为了适应当时流通货币多种环境的需求，刀币在铸造上也是颇费周折，特别是对铜、锡、铅的科学配比，最大限度地避免了铜锈的发生，所以整体上看刀币锈蚀的程度并不严重，起码比青铜器鼎、簋、鬲等器物造型在铜锈的严重程度上要好得多。看来岁月并未能蹉跎青铜刀币，这一点在鉴定时应注意分辨。

精美绝伦的"明"刀 战国

5. 从铭文上鉴定

刀币之上的铭文十分丰富，这一点与布币非常相似。刀币铭文与国别有着很重要的关联。例如赵国刀币在铭文上多是一些地名，字数不多，多为2个字，如记录地名的"邯郸""白人"等，多是赵国境内的地名，而且多是当时较为著名的地方；同时也有表示天干地支的铭文如"己""亥""丙"等；记录数字的"一""三""五""六""七""八""九"等；记录物品的名称如"玉"等。另外，还有"齐法化""齐之法化""安阳之法化""节墨之法化"等耳熟能详的刀币铭文。从铭文的线条来看，刀币线条流畅、挺拔，具有相当高的水平，鉴定时应注意分辨。

6. 从燕国刀币上鉴定

燕国刀币主要有尖首刀、针首刀、截首刀、燕明刀等，特点非常鲜明。燕国在早期使用尖首刀，这种刀的首部十分尖锐，刀身极薄，有刀脊，脊多断裂，总的看

"明"刀币 战国

来这种刀的造型比燕明刀要大，长度特征较为固定，多在15~19厘米。另外，这种刀早期背部为圆折，弧度比较大，而晚期逐渐演化为个性强烈突然转折的磬折，这一点在鉴定时应注意分辨。燕明刀在造型上比尖首刀要小，一般为13.1~14.1厘米。由此可见，燕明刀应该是以小而著称；从具体造型上看，早期的燕明刀在体积上还略大一些，而晚期也就越来越小了。早期刀微弧微弯，上宽下窄，之后逐渐变小。具体就是上宽下窄的情况有所变化，上下几乎变得一样，刀背也成为一条直线。这种燕明刀在造型上不断变化的过程，显然反映了燕国经济的不断下滑，到了最后国民经济下滑到了不可逆转的程度。燕明刀币变成了只有13厘米犹如明器的实用流通货币。这些从刀币造型上的变化所看到的社会现象，在鉴定时应引起我们的重视。而当代做伪者由于对暴利的追逐，并不研究这些，只知道燕明刀比较小，虽然仿造真实存在的燕明刀的造型，但由于利益驱使，制作的往往比13厘米左右的燕明刀币还要小，而这恰恰暴露了其伪器的真面目。从铜质上看，燕国明刀币铜质不是很好，经常发现燕明刀币有断裂和缺损的情况，铜、锡、铅的配比不是很协调。关于这一点，《中国大百科全书文物·博物馆卷》述：明刀"一般含铜仅有35%～45%，有时铅、锡含量多达45%～58%"。这样一个铜质配比的比例，显然对于货币而言是极不合理的，因为铜太少了，就像是铸造的假货币。但是由于当时燕国的经济能力有限，就只有这个水平；而当代仿品在铜、锡、铅的配比上往往也掌握得不好，从看到的伪器配比来看，往往是铜的比例偏大，有时铜的颜色可以很清楚地看出来，就像是齐刀币一样，而这样配比不准确的现象，也为鉴定燕国刀币提供了依据。从数量上看，燕明刀币在数量上比较多，实际上这并不是经济繁荣的景象，也不是货币坚挺的现象，而是统治者一直在用减少铜配比的方法来欺骗老百姓。因为配比的失衡最终的消费者是老百姓，所以这种欺骗的方法，最终导致的恶果就是货币贬值，而货币越贬值，就越需要铸造更多的钱币来进行冲抵，这样燕明刀币的数量就越来越多，而铸造水平则越来越差，这一点在鉴定时也应能理解，所以说对于古代钱币的鉴定，有的时候只进行器物类型学的对比还是不够的，需要和当时的时代背景等诸多因素联系起来综合进行判断。但燕明刀币的一个成果是这种刀币流通性比较强，从目前发现的燕明刀币来看，这种刀币不但是在燕国流行，齐国、赵国都有较多发现，而且是窖藏的主体。

精美绝伦明刀币 战国

7. 从齐国刀币上鉴定

刀币中质量最优者为齐国刀币，整个刀柄略带弯曲，凹刃，弧背，首略大于身，有脊，可分为不断脊刀币和断脊刀币两种，这是其基本的造型，通常也比较大，18厘米的刀币经常可以看到，这个厚度比燕国刀币要大出很多。从厚度上看，齐国刀币在厚度上并没有过于突出的特点，整个刀币呈薄片状，但有一定厚度，手感较重，给人的感觉是比较厚实；从做工上看，齐国刀币在做工上十分精细，精益求精，打磨仔细，整个造型整齐划一，没有像空首布那样会留下铜渣，粗糙者有见，但从数量上看几为偶见；从铜锈上看，齐国刀币锈蚀的严重程度主要与埋藏环境有关，有的时候看到齐国刀币上生满了铜锈，但这与齐国刀币的铜质优良有一定关系，正是由于齐国刀币的铜、锡、铅配比合理，铜的含量达到相当高的比例，甚至达到85%~90%的比例，故齐国刀币可以称之为真正的青铜刀币，而不是铅、锡刀币。实际上，从刀币铜、锡、铅的这种配比中我们可以看到相当多的问题和鉴定时要注意的鉴定要点。当然，铜、锡、铅的配比十分复杂，但简单地讲如果刀币铜多、锡少的话，刀币的质地就会变软，这样的刀币容易变形；但是如果铜少、锡多，刀币的质地就会变硬，具有相当大的硬度，但有一个缺陷，就是容易折断。所以，我们可以根据这个基本的原理来判断齐国刀币的真伪。齐国刀币内含如此多的铜，其质地必然是特别柔软，所以柔而不断应该是齐国刀币的主要特点，有些变形的情况也很正常，但如果齐国刀币一摔就断，则很有可能就是伪器，这一点在辨伪时应该注意分辨。

齐国刀币流行的区域主要是在齐国，其他地区也有流通但数量很少。齐国刀币上的文字多为"齐法化""齐之法化""安阳之法化""节墨之法化"等。

另外，我们还发现有一些齐明刀的存在，这有两种可能，一为燕国占领时铸造，二为齐国为了与燕国的贸易方面而自行铸造。奇怪的是还发现了被截去尖首的刀币，这些被截去的尖首刀明显系燕国刀币，而在齐国却被截去了首部，这说明尖首的刀确实不适应贸易的需要，所以在另外一个国家被截去了令人讨厌的首部继续使用。或许在这里人们不禁会问，尖首刀毕竟是一种货币，改变它的形状或者是人为地破坏，这可以吗？回答：在齐国显然是可以的。被破坏的燕国尖首刀币依然可以使用，但是，在燕国这种行为可能就不可以，所以，这些被截去尖首的燕国刀币可能使用的范围多是在齐国之内（姚江波著《中国古代钱币赏玩》，湖南美术出版社，2006年5月，第1版）。总之，齐国刀币是刀币中的佼佼者，这一点是无可置疑的。另外，齐国还在刀币造型等各个方面进行了统一，这种有意识的国家行为整顿统一货币，显然是战国时期商品经济发展到一定阶段的产物，而这种统一带来的结果是积极的，它可以使货币一般等价物的功能得到最大化的体现，也为秦国后来统一货币积累了必要而不可少的经验。

8. 从赵国刀币上鉴定

赵国刀币的造型多为微弧背、钝首，形状基本为直刀造型。从体积上看，赵国刀币造型体积明显比齐国刀币要小，和燕国刀币在大小上有着异曲同工之妙，大多数器物造型在13~14厘米。由此可见，地缘环境的确也是影响刀币造型的重要原因。按说赵国的邯郸是当时著名的冶铁中心，冶炼水平应该很高，其制作的刀币不应该比齐国小，但原因可能很多，本书认为主要应该是同燕地连接的地域关系，惯性的力量成为支撑造型的主要因素，这一点在鉴定时应注意分辨。另外，从赵国刀币可以在燕国境内通用这一点也可以支撑这一论点。从数量上看，赵国刀币出现时间较晚，较早时期赵国由于受到晋国的影响，布币的使用还是比较频繁，这可能也是影响战国时期赵国刀币数量的重要原因。不过"物以稀为贵"，这对于收藏并不是坏事情，赵刀是很多收藏者梦寐以求的藏品，所以决定收藏的因素很多，有时这件藏品本身可能在工艺水平等各个方面并不高，但是由于其少，价值自然增加很多，而对于这种现象收藏者要能理解。从铭文上看，赵刀的铭文与齐刀和燕刀相比内容并不丰富，多是以铸造地的地名为主，如"甘郸""邯郸""白人""城白"等都常见，文字书写清晰，线条流畅、有力。从铜质上看，赵刀的铜质配比不是太好，也不是很稳定，有的与燕国刀币类似，有的比燕国刀币好一些，总的来看比燕刀优质，这与赵国高超的冶炼铸造工艺密不可分，但整体来看赵国在对于刀币的铜质选择上并没有想用最好的铜质配比，只是在齐国刀币和燕国刀币之间采取了折中的办法。这种货币质量的特点，显然反映出战国晚期赵国经济并不是那么美妙，而是危机四伏，由布币改用刀币显然也是不得已而为之。从锈蚀上看，赵国刀币并没有过于典型性的特征，因为刀币锈蚀的情况主要是与其埋藏地下的环境有很大关系，而并不取决于其他，从发现的情况来看，赵刀基本都有轻重不一的锈蚀，但过于严重的锈蚀也不多见。从出土地点来看，赵刀的地域特征在历史上很清楚，就是以赵地和燕地为主，其他地区不多见，从发掘的情况来看基本也是这样，如北京，石家庄、邯郸、徐水等河北多地都有赵刀的出土，另外，在山西北部和辽宁也发现一些。总之，赵国刀币由于铸造时间短及其固有的一些特征，出土位置特别是地域特征较为浓郁，这一点对于辨伪十分重要。如果从偏远地区，如西南、西北等地发现大量的赵刀，这显然从文化上就不符合当时的时代特征；有时尽管我们没有见到待鉴定的钱币，但其实我们的心里已有些数了，当然也不能完全否认其他地区出土赵刀的可能性，但起码我们应该知道出土数量应该是凤毛麟角。

第四节 圜钱

　　战国中期在布币和刀币之后圜钱产生了。圜钱是一种环形的造型,既圆形圆孔,类似于玉璧,也类似于纺轮。于是圜钱的产生有两种学说,即纺轮说和玉璧说。纺轮说认为圜钱和纺轮的造型基本相似,简直就是直接取自于纺轮的造型;而玉璧说则是认为圜钱符合《尔雅·释器》中玉璧标准的造型,"肉倍好谓之璧,好倍肉谓之瑗,肉好若一谓之环","好"是指当中的孔,"肉"是指周围的边。那么,从《尔雅·释器》的解释来看,战国时期的圜钱在尺寸特征上刚好符合这个标准。这两种学说究竟哪一种更为正确,我们且不去评说,因为两者都只是一种圜钱造型渊源的推测而已,并没有确切令人信服的证据。这一点不必争论,因为如果有,也不必产生两种学说了。圜钱比较接近于后来作为统一货币的圆形方孔钱,在造型上的区别只是圆孔而已,应是圆形方孔钱的祖形。这种钱币是在总结了布币和刀币的基础上新创造出的一种货币造型,具有体积小、圆形、中有孔、可以穿系、比较容易携带等特点。这就是其固有的优点,而这种优点恰好契合了战国中期贸易规模化和频繁化的需要,因此圜钱自战国中期产生以后发展很快。从地域上鉴定,圜钱并非是在一个国家流行,由于其使用的方便性,使其在战

圜钱 战国

类似纺轮的圜钱 战国

177

类似玉璧的圜钱 战国

类似玉璧的圜钱 战国

圆形圆孔圜钱 战国

圜钱 战国

出土数量众多的圜钱 战国

薄胎圜钱 战国

"垣"字圜钱 战国

魏国圜钱 战国

国时期诸多个国家和地区流行，如周、韩、赵、魏、晋、齐、燕、秦等国家都有铸造，而且使用较为频繁。其显著特点是不同国家对于圜钱的使用有很大区别：一类是齐国、赵国、燕国等当时使用刀币的国家和地区，这类地区的圜钱是圆形方孔；再者就是晋国和东周洛阳等地常见使用"垣"字钱；魏国也是使用"垣"字和"共"字圜钱，从圜钱的实用上看，魏国比较早；秦国也使用圜钱，最初造型比较简单，逐渐演化为圆形方孔钱，也就是这种钱最终成为秦始皇统一货币后的造型，流行时间长达几千年。下面我们就以圜钱较为流行的秦国和魏国为例来看一下其具体特征。

1. 从秦国圜钱上鉴定

秦国圜钱的数量不是很多，但却很有特点，玉璧形，环孔较大，圆形圆孔，璧和孔都呈正圆，比较符合标准玉璧的造型，造型规整，文字较多，如"一珠重一两"钱较常见，一般情况下是铭文只记两，而不记铸造地名，从而也可以看到秦国在中央集权上显然已经走到列国前列，秦国圜钱在国内广泛流通，在其他国家也有流通。从锈蚀的情况看，秦国圜钱锈蚀程度并不严重，这与黄土高原的气候环境有关，在缺水的黄土掩埋保存环境下圜钱保存得都还比较好，个别有见锈蚀严重者。从打磨上看，秦国圜钱在打磨上并不是十分仔细，有粗犷的感觉，但同时也不会使人感到这是一种非常粗糙的货币，这说明当时的人还是比较重视对于圜钱的打磨的，只是由于数量和厚薄程度的限制，圜钱才没有能够进行更为仔细的打磨和修整。从出土地点来看，秦国圜钱理论上出土地点应该是各个国家，但是显然从实际的发掘中并没有明显的现象，而多是在秦国境内发现，也有在相邻的国家，如魏国等国发现，但数量很少。从大小上看，秦国圜钱在大小上并不呈现出固定化的特征，通常情况下多在 3.5~4.1 厘米。

圜钱　战国

2. 从魏国圜钱上鉴定

魏国圜钱的数量特别丰富，远大于秦国圜钱的数量，甚至可以说魏国在战国中晚期基本上使用的就是圜钱。魏国圜钱具有鲜明的时代特征，在造型上逐渐走向固定化。魏国圜钱的轮廓也比较圆，基本上呈现出正圆形，孔比秦国圜钱要小许多，也为正圆形，当然也有一些不是很规范的圆形圜钱，但这种不规则的形成主要是由于打磨的仔细与否造成的，而不是铸造的原因，如果将其周边打磨光滑，那么魏国圜钱仍然是一个正圆的造型。由此可以看到，在战国晚期魏国圜钱的造型向固定化发展的趋势非常强烈。魏国圜钱的固定化趋势不仅仅体现在圜钱造型之上，同时也体现在圜钱的铭文之上。圜钱的铭文较为规范，主要有"垣"字和"共"字圜钱，这些圜钱的铭文基本都书写在同一个位置，有的时候一个窖藏内出土的几百枚圜钱的形制和铭文都相同，可见魏国圜钱正在日趋走向固定化的造型。在河南三门峡博物馆发现了一些魏国圜钱，圆形，不规则，非常薄，直径多在 4 厘米左右，中间的孔径在 0.6~1.2 厘米之间，且

魏国圜钱　战国

魏国圜钱　战国

魏国圜钱 战国　　　　　魏国圜钱 战国　　　　　"垣"字圜钱 战国

魏国圜钱 战国　　　　　魏国圜钱 战国　　　　　魏国圜钱 战国

圆孔不规则，由于太薄不到0.2厘米，所以，壁面凸凹不平，估计应为战国时期的圜钱。这些圜钱铜质不是很好，经除锈后有些像是铁钱，在钱币的正面一侧有一"垣"字，背面无字，故我们也常称这些钱为"垣"钱；另外，这些"垣"钱的币边常有缺损。当然如此薄的铜钱还告诉我们一个信息，就是当时铜质原材料非常之缺乏，这可能是由于战国时期群雄逐鹿，战火纷起，大量的铜被用于铸造兵器的缘故。下面我们以在河南三门峡博物馆作者亲自测量的结果为例，来看一下战国时期"垣"字圜钱的尺寸特征：

SC：1. 战国"垣"字圜钱，直径4.1厘米，孔径1.2厘米

SC：2. 战国"垣"字圜钱，直径4.2厘米，孔径0.6厘米

SC：3. 战国"垣"字圜钱，直径4.1厘米，孔径1.9厘米

SC：4. 战国"垣"字圜钱，直径4.1厘米，孔径0.9厘米

由以上可见，这批战国时期魏国"垣"字圜钱的直径多在4厘米左右，当然结

合其他地区发现魏国圜钱的情况来看,其直径特征应该为3~6厘米。赏玩时要注意分辨(姚江波著《中国古代钱币赏玩》,湖南美术出版社,2006年5月,第1版)。

以上两国的圜钱特征鲜明,最具代表性,一个是圜钱最早产生的魏国,一个是最终将圜钱发展成为圆形方孔钱的秦国,其他诸侯国不再赘述。总之,这些圜钱的铜质通常情况下都很薄,重量也很轻,可以说是薄到了极点,就像是一个薄薄的铜片,但铜的质量很好,从实物发掘的资料来看虽然薄但未见断裂者,也未见有被铜锈穿孔者,青铜器的致命杀手粉状锈也很少出现在圜钱之上,这些特点在鉴定时应注意分辨。另外,关于圜钱和圆钱的区别,有很多书一会儿称是圜钱,一会儿又称是圆钱,把读者彻底搞糊涂了。其实圜钱和圆钱本质上是一种造型的钱币,更科学地说应该都统一称为圆钱,但历史上包括现在习惯于将圆形圆孔的钱称为圜钱,圆形方孔的钱称为圆钱。从时代上看,圜钱的流行时间很短,战国中期产生,在秦、周、韩、赵、魏、晋、齐、燕等国都有发展,秦始皇统一中国之后即刻消亡,圆形方孔钱,也就是圆钱统一的历史开始,并统治中国主流钱币造型历史两千多年。

魏国圜钱 战国

较薄圜钱 战国

第五节 先秦其他货币

秦以前的货币绝不仅仅是贝币、布币、刀币、圜钱等几种类型，人们对于货币的探索从未停息，在历史上很多器物实际都充当过一般等价物功能，只不过有的如昙花一现，没有大规模地流行下去。下面我们来看一下这些造型各异、曾经充当过一般等价物的器皿。

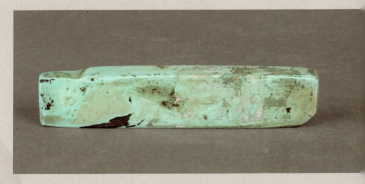

绿松石管 新石器时代

蚌器 新石器时代

实际上在先秦时期能够成为货币的造型很多，来看一段资料："铲状工具曾是民间交易的媒介，故最早出现的铸币铸成铲状。布本为麻布之意，麻布也是交易媒介之一。当铜币出现后，人们因受长期习惯的影响，仍称铜钱为布"（吴荣曾《布币》，《中国大百科全书·博物馆卷》，中国大百科出版社，1986年8月第1版）。麻布虽然在现在不算什么，但是在商周时期生产力落后的情况下，是十分贵重和稀有的物品，因此作为一般等价物的可能性很大。本书支持这种观点，但这种观点在现在看起来是不可思议的，因此我们在了解人类曾经的历史之时，一定要将自己置于艰难历史的定位上。历史是严肃的、沧桑的、现实的，历史不仅仅是伟大的，同时也有不起眼的东西，这样我们就能够理解过去人们所使用过的物品，包括人类曾经使用过的货币。来看一则资料："商周

蚌环 新石器时代

玉璧 西周晚期

时期，人们在贸易中主要使用海贝作为交换的媒介物，另外还用刀、削、铲、耒等金属工具以及玉璧、玉环等装饰品作为媒介物"（马承源《中国青铜器》，上海古籍出版社，1994年11第1版）。本书十分同意以上观点，商周社会贝币的确并非是唯一的货币，诸如以上所讲一些青铜农具和玉器都曾经充当过类似货币的功能，而且本书认为充当过此类功能的器物应该更多，因为商周时期的物质文化极为发达，由于奴隶制的发展，生产力有了大的提高，奴隶被迫在"井田"里像牲口一样为奴隶主劳动，而消耗的社会财富却是最少的，这样就给奴隶主创造了大量的财富，使得奴隶主们过着酒池肉林的糜烂生活。在这样的环境中，夏代产生了用贵重金属制作的青铜器，从此中国进入了一个崭新的时代——青铜时代，商周时期青铜文明发展至鼎盛。另外，中原地区的玉器文明在夏商周时期也发展达到高潮。这样玉器和青铜器就成为夏商周时期文物的两大主流，它们在夏、商、周时代共同发展，至"三代"结束时逐步走向衰落。当然，夏、商、周三代除了青铜器和玉器之外，还有许多的器物也是迅猛发展，如原始青瓷、陶器、铁器、漆器等，仅玉器在商代就产生了，玉璧、玉圭、玉戚、玉璜、玉刀、玉戈、玉钺、玉铲、玉璋、玉瑗、玉环、玉矛、玉斧、玉凿、玉锯、玉镰、玉簋、玉盘、玉锛、纺轮、玉梳、玉耳勺、玉臼、玉杵、玉匕、玉笄、玉钏、玉串珠、玉管、玉坠饰、玉含、器座形、拐尺形、柄形、水牛形、匕首形、柱状柄形器、玉龙、玉凤、玉人、跪形玉人、一些不知名的怪兽和怪鸟、玉鳖、玉鸽、玉鸬鹚、玉链、玉虎、玉鹤、玉鹰、玉象、玉蝠、玉蝉、玉蚕、玉螺蛳、玉鹅、玉鸭、玉螳螂、玉鱼、玉熊、玉鹿、玉猴、玉马、玉牛、玉燕雏、玉狗、玉兔、玉羊头、玉鹦鹉、玉蛙、玉琮等诸多造型，如此众多器物都要相互地进行交换,仅靠海贝显然是不够的;再者从考古发掘的情况来看,海贝在商代已被大规模地使用,看来海贝应该是人们日常生活最常用的货币,例如,买一只羊或者是一捆材、几斤鱼等,人们在购买这些

虢国白玉璧 西周

物品时付贝币相互进行交换。由此可见,虽然贝币被规模化使用,但贝币的额度较小,而如果是这样,大宗的贸易进行时可能就不使用贝币,而是使用比贝币更为贵重,但又类似贝币功能的一般等价物,如铜刀、铜戈、铜削、玉璧、玉璜、玉鱼以及各种玉饰等都有可能被用来作为货币来使用,如一大批奴隶的交易就可以用一个玉璧来进行交换(姚江波著《中国古代钱币赏玩》,湖南美术出版社,2006年5月,第1版)。但并不是说商周时期的每一种在当时来讲贵重的物品都可以或者说曾经充当过货币,从广义上来讲是这样,但是从狭义的角度来讲又不是这样的,因为要想成为货币还必须要具备众多的先决条件。要具备什么样的先决条件呢?一是贵重;二是稀有性;三是有一定规模;四是历史认同感。以上四个条件是商品一般等价物选择质地的先决条件。因此,在商周时期,只要符合这些条件的器皿都有成为货币的可能性。但只是可能,哪一种可以成为货币,还需要看其历史的机缘。

玉龙 西周

玉鹰 西周

玉鱼形 西周

做工精益求精的玉琮 西周

玉璧 西周晚期

蚌环 新时期时代

第五章 钱币

玉鹰 西周

绿松石管 新石器时代

蚌器 新石器时代

第六节 圆钱

先秦时期的货币真是异常繁多，灿若星河，然而随着历史车轮的前行，这种"百花齐放、百家争鸣"的货币体系显然已经不能适应经济的发展。由于列国货币质地不同、造型也不同，兑换十分不便，严重制约了经济的发展，所以货币的统一已经成为人们的渴望、历史的必然。最终，秦国以战争的形式结束了列国并存的局面，实现了统一，秦始皇下令以秦国使用的圆形方孔钱为法定货币，也就是圆钱，通行全国，从而结束了先秦以来货币不同质地、不同造型的混乱局面。这是钱币史上划时代的大事，开创了一个崭新的钱币时代，从此圆钱以其合理的造型、携带和使用的方便性，开始了中国历史上几千年的圆钱时代。圆钱在中国的统治始于秦代直至清代，甚至民国时期也有，前后跨越了数千年的岁月长河，走过了十几个朝代和历史时期。在这些历史时期，圆钱始终处于绝对的统治地位，当时也有一些其他形状的铜钱，但都没能受到人们的青睐，如昙花一现，很快就消失掉了。由此可见，圆钱的造型设计的确适合封建经济的需要，所以，才会在各个历史时期都始终存在。不过，圆钱的地位也曾经受到过巨大的挑战，特别是受到银币和银锭以及纸币的巨大挑战，但圆钱每一次都能从容度过，最终还是人们手中每日都要用于交换的货币。圆钱在漫长的历史时期中，并不是没有任何改变，而是时时刻刻地都在进行着变化，每个时代、每个历史时期都有变化，只不过这些变化多是铜质、大小、厚薄、

轻薄圜钱 战国

造型简洁圜钱 战国

文字、花纹等方面的变化，像是有一个约定似的并未涉及到圆钱的基本造型，实际上这是由于圆钱的造型已经达到了封建经济中货币造型设计的尽头，再也没有任何一种设计能够超过圆钱造型的合理性（姚江波著《中国古代钱币赏玩》，湖南美术出版社，2006年5月，第1版）。下面就让我们来看各个历史时期千变万化的圆钱。

1. 战国圆钱

战国中期圆形方孔钱开始流行，不仅仅是在秦国流行，如在当时的燕国这种圆形方孔的钱使用就非常频繁，造型比魏国圜钱小一些，直径多在1.5~3厘米之间，较薄，像铜片一样，方孔一般较大，用铜量很小。看来燕国在当时的经济实力的确有问题，使用这种钱，无非是看到了其在用铜量上的可操作性，无论是在刀币还是圆钱的铸造上都极其强烈地表现出了铜资源的匮乏。从铭文上看，燕国圆钱的铭文有"吉""明化""明四"等。另外，在济南、青岛等地也发现了不少圆钱，这说明齐国在当时也使用圆钱，齐国圆钱总体上要比燕国的大一些，直径多在1.9~2.3厘米之间，铜质也不是很好，但基本还能说得过去，方孔也特别大，但没有燕国的方孔大。由上可见，这些国家

圜钱 战国

造型规整的圜钱 战国

圜钱 战国

素面圜钱 战国

对于战国圆形方孔钱的使用多停留在应付上，并没有将其作为一种主要的货币来使用。而在战国时期真正使用圆钱的国家是秦国，秦国不仅大量铸造圆钱，而且质量

上乘，体型大，3厘米左右者常见，偶有见4厘米者，铜质也比较好，配比科学，穿孔、折断的情况很少见，厚度比其他国家的都厚实；从铭文上看，秦国圆钱的铭文较著名的有"半两""文信""两甾"等，据传半两钱为秦国宰相李斯所书写。这种圆形方孔钱在秦始皇统一中国后被定为法定货币，成为对中国历史影响最大的货币品种之一。

"半两"钱 秦汉时期

2. 秦代古钱

秦朝时间不长，各国所使用的旧钱已基本不见，从而真正完成了货币的统一。秦"半两"质量比秦国时期质量更好一些。来看一则秦铜"半两"钱："1枚（M1399∶1）。无廓。直径2.4厘米、穿方为0.7×0.65厘米"（山西省考古研究所侯马工作站《山西侯马市虒祁墓地的发掘》，《考古》，2002年4期）。胎体较厚，铜质配比科学，稳定性强，大小适中，做工较为精细。秦朝禁止私铸，由中央政府铸后分发各地，为了达到目的，秦政府发明了委托铸币制度，在各地委托铸造，统一的中央集权政府为这一政策的实施奠定了基础，这样中国第一次在中央集权之下完成了统一货币的任务。在秦朝时期还广泛地使用了其他质地的货币，如金子，当时称为"上币"，这种货币在秦代主要用于大宗货物的等价交换，而不用于民间小物件的买卖，所以在秦代老百姓真正使用的还是秦统一后的半两钱，但半两钱为下币。

"半两"钱 秦汉之际

3. 汉代古钱

秦亡后，汉立，刘邦以市井出身做了皇帝，汉吸取秦灭亡的教训，抛弃暴政，采取了"休养生息"的政策，汉王朝逐渐从战争的废墟中走了出来，出现了文景之治的大好局面，小农经济得到恢复，社会财富急剧增加，武帝时国力已十分强盛，远征匈奴，扩大了汉的疆域，这些都使得汉代的铸币业有所发展；但汉室也是个多灾多难的王朝，公元5年王莽杀汉平帝，摄政，公元8年登基称帝，西汉灭亡，这期间王莽为了掠夺民财，铸造了各种货币，有的面额相当

"五铢"钱 汉代

大，百姓怨声载道，在农民起义的打击下王莽"新"政很快灭亡，公元25年刘秀称帝，史称东汉，汉朝又进入了一个相当长较为稳定的历史时期。由上可见，整个汉代除了王莽时期，货币基本上还是稳定的，铜钱的铸造量已经很大，圆形方孔钱在汉代已经完全固定化了，成为了钱的符号，一提到钱就会想到圆形方孔的铜钱。下面简要介绍一下汉代铜钱的特点。

(1) 西汉古钱

①从种类上鉴定

西汉古钱以半两钱和五铢为主，有时会见到半两钱与五铢钱同时出土的情况。来看一则实例：半两钱，"钱体大而肉薄，正反两面均无轮、郭，字体较大而见平阔，属八铢半两。直径2.8厘米"（湖南省文物考古研究所永州市芝山区文物管理所《湖南永州市鹞子岭二号西汉墓》，《考古》，2001年4期）。再来看一则五铢钱："背面轮、郭清晰，正面有轮无郭。可分四式：Ⅰ式，钱文字体较大，与穿等高，'五'字交笔斜直。直径2.5厘米"（湖南省文物考古研究所、永州市芝山区文物管理所《湖南永州市鹞子岭二号西汉墓》，《考古》，2001年4期）。由此可见，西汉钱币既有对于前朝的继承，同时也有发展，具体的铸币情况我们来看：

汉高祖——铸半两钱。

汉高祖夫人高后——铸八铢半两、五分半两。

汉文帝——铸四铢半两。

汉武帝——铸三铢。

汉武帝——铸五铢。

汉元帝——铸五铢。

汉宣帝——铸五铢。

汉光武帝——铸五铢。

汉灵帝——铸四出五铢。

汉恒帝——铸对文五铢。

（姚江波著《中国古代钱币赏玩》，湖南美术出版社，2006年5月，第1版）。另外，新莽政权时期的货币我们单列开来讲。

②从造型上鉴定

西汉时期圆形方孔铜钱的概念已经深入人心，这一点在造型上体现得淋漓尽致，西汉五铢在造型上多数是比较规整。来看一则实例："五铢钱Ⅰ式：钱形规整，器表光滑，呈银褐色。正面周郭较宽且内斜，背郭纤细"（开封市文物管理处《河南杞县许村岗一号汉墓发掘简报》，《考古》，2000年1期）。这并不是一个孤例，而是非常普遍，说明西汉五铢铜钱在造型上已经基本固定化，铜钱在造型之间只有细节上的变化，这一点在鉴定时应注意分辨。

③从数量上鉴定

西汉铜钱在出土数量上特征非常明显，数量相当庞大，墓葬和遗址都有出土，以墓葬和窖藏出土为主，件数几十上百件的情况都有。来看一件实例："五铢钱，数量达300余枚"（开封市文物管理处《河南杞县许村岗一号汉墓发掘简报》，《考古》，2000年1期）。再来看一则实例："五铢钱3280枚，主要为西汉中、晚期的钱币"（扬州博物馆《江苏邗江县姚庄102号汉墓》，《考古》，2000年4期）。其他例子不再赘举。可见西汉铜钱规模相当庞大，是人们日常生活当中主要用于流通的货币，而且完全可以满足需要，同时也可以看到西汉王朝的经济实力为东周王朝所不能比拟。

④从做工上鉴定

西汉铜钱在做工上制作技术相当娴熟，做工十分精细，打磨认真。来看一则实例：五铢钱"器表光滑"（开封市文物管理处《河南杞县许村岗一号汉墓发掘简报》，《考古》，2000年1期）。少有粗糙者。

圆形方孔"大泉五十" 汉代

⑤从铭文上鉴定

西汉铜钱在铭文上以"五铢"为主，看似比较单一，但不同地区所铸造的钱币在铭文上不同，不同时间段所铸造的钱币铭文也会有所区别，而钱币是相互流通的，打乱在一起，这样看起来微小的区别就比较多了。有一个墓葬当中出土的铜钱在铭文上由于微小的区别，就可以分为好几种："铜钱129枚。均为五铢钱，大多已粘连在一起，字迹模糊。穿内见有系绳，直径2.4～2.6厘米、穿径1厘米。背面有郭，钱文篆书。大体可分为两类：第一类'五'字交股弯曲较甚，上下两横出头；'铢'字'金'字头较小，'金'字旁较'朱'字略低，'朱'字上下圆折。M20：83－1，直径2.4厘米。第二类'五'字交股直而微曲，'铢'字'金'字头呈矢状，'朱'字上方折、下圆折"（怀化市文物事业管理处《湖南溆浦县茅坪坳战国西汉墓》，《考古》，1999年8期）。这并不是一则孤例，再来看"铜钱，计有五铢钱51枚，可分四式"（洛阳市文物工作队《河南洛阳市第3850号东汉墓》，《考古》，1997年8期）：

Ⅰ式：26枚。钱文"五"字交股两笔较直或略弯曲，"铢"字的金字头较大，"朱"字方折。

Ⅱ式：19枚。钱文"五"字交股两笔较弯曲，"铢"字的金字头如矢状，"朱"字圆折。

Ⅲ式：9枚。铸造清晰，笔划松散。

Ⅳ式：7枚。为剪轮钱。

由以上两个例子可见，西汉铜钱的分类的确主要是以铭文的不同来区分，我们在鉴定时注意不要陷入到具体的这种区分当中，没有意义，因为这些钱是不同地区诸多批次铸造的钱打乱混在一起的，所以情况比较复杂，但只要我们知道形成这种区别的原因，自然就可以区分真伪。

⑥从铜锈及配比上鉴定

西汉铜钱锈蚀严重,这主要与埋藏环境有关,粉状锈的情况偶有见;从配比上看,西汉铜钱铜、锡、铅的配比合理,铜钱折断的情况不多见,所见断裂者,多为受到重压而发生的残损,与铜钱本身关系不大,鉴定时应注意分辨。

⑦从尺寸上鉴定

西汉铜钱尺寸特征不是很明显,尺寸的变化还是比较复杂的,但显然有一个大致的范围,直径多在2~3厘米,穿长0.7~1厘米,厚度0.3~0.5厘米。但这只是一个参考数据,也就是常见的情况,实际上西汉铜钱在厚度上要复杂得多,在鉴定时应多体会。

（2）新莽古钱

王莽从居摄二年开始铸造货币,最先铸造的货币一改秦汉时期圆钱的造型,采用了复古主义的造型,制造出了与先秦刀币不太一样的刀币、布币等,刀币造型有环,刀体如刀,有的时候更像是一个带环的钥匙,环的造型实际上是一个圆形方孔的圆钱,在圆钱上有"一刀"二字,在刀身之上有"平五千"等几个字,整个来读就是"一刀平五千",在刀上镶嵌有黄金,故此刀也俗称为"错金刀"。来看一则实例："错金刀币,2枚。M102：36-1、2,置竹筒内。刀币分为环首和刀身两部分,环首为宽平缘,中有方穿孔,孔上下分别错有'一刀'两金字;刀身近似长方形,一面铸有阳文'平五千'。刀币通长7.1厘米、宽1.5厘米、厚0.5厘米,重为32.8克和30.1克"（扬州博物馆《江苏邗江县姚庄102号汉墓》,《考古》,2000年4期）。这种刀币的特征是铸造精美,但铸钱目的相当不纯,

"大泉五十"铜钱 汉代

可以说是达到了丧心病狂的程度,王莽的失败实际上与其过于贪婪有密切的关联;从这种钱的造型来看的确是具有复古的造型特征,但又不是完全仿造先秦以前的刀

币，而是在圆钱上镶嵌上了一把刀，不知是否有"破财消灾"的意思，因为从造型上看确实是在铜钱上插上了一把刀，当然这种说法不一定正确，但民间确实有此种讲法，本书在这里不过是提及这种说法而已，并不是什么定论。这种刀币上的钱纹在我们现在看来不过是五个字"一刀平五千"，但在当时这五个字可不得了，成为王莽搜刮民财的一种工具，直译这些字就是一个刀币就可以兑换5000个五铢钱，而在当时这5000铢钱应该就是半斤黄金，两个铜刀币刻上几个字就可以兑换1斤的黄金，看来这的确是为了搜刮民财特意铸造的货币，新莽政权很有可能是财政吃紧，所以才想出这样办法去搜刮民财。此钱在当时铸造得较少，但因为此种货币可以兑换相当多的五铢，所以在当时伪造的就比较多，甚至今天在一些很小的县级市文物库房中就能看到不少"一刀平五千"的刀币，可见此种钱在当时仿制还是特别多。此种刀币的真品，造型异常精美，做工精细，表面光洁有光泽，似有铜镜的水银色彩，而伪品则只是形似而已，而无神似可言（姚江波著《中国古代钱币赏玩》，湖南美术出版社，2006年5月，第1版）。另外，王莽时期还铸造有"契刀五百"的刀币，造型、工艺与"一刀平五千"币基本相似，意为一个刀币要兑换500个五铢钱。

新莽"货币"钱 汉代

新莽"货币"钱 汉代

来看一则这样的钱币："契刀币8枚。重12.3～16.7克，置竹筒内。刀币分为环首和刀身两部分，环首为宽平缘，中有方穿孔，孔的左右分别铸有阳文篆书'契刀'两字；刀身近似长方形，一面铸有阳文'五百'两字。M102：36-3，通长7.4厘米、宽1.5厘米、厚0.35厘米"（扬州博物馆《江苏邗江县姚庄102号汉墓》，《考古》，2000年4期）。此钱也是在居摄二年铸造，这种钱币铸造得十分精美，是历代收藏者所追求的目标，但在当时这种钱币对于百姓而言无异于遭到劫掠。由此可见，

新莽"契刀五百"铜钱 汉代

王莽在自己当政的头一年头里就连续两次铸造了此类铜钱，目的显然都是为了搜刮民间所用。（姚江波著《中国古代钱币赏玩》，湖南美术出版社，2006年5月，第1版）。

王莽并未将刀币定为唯一的法定货币，而是在铸造刀币的同时也在延续使用传统的圆钱造型，也是在居摄二年发行了"大泉五十"圆形方孔钱。来看一则实例："大泉五十19枚。重7.1～9.9克，置竹筒内。M102∶36-13、18，钱径2.8厘米、厚0.2厘米"（扬州博物馆《江苏邗江县姚庄102号汉墓》，《考古》，2000年4期）。此钱大小不一，质量也参差不齐，赏玩时应注意分辨。另外，还发行了"小泉直一""中泉三十"等圆形方孔钱。总之，在王莽时期虽然废止了五铢钱等一批圆钱造型的货币，但新的圆钱货币很快就被铸造了出来，在天凤元年又铸造了货泉，布泉也应为王莽时期所铸，这说明王莽并非真正复古，而是大规模急于发行钱币，以得到更多的财富而已（姚江波著《中国古代钱币赏玩》，湖南美术出版社，2006年5月，第1版）。另外，王莽力图回复布币的辉煌，铸造了著名的十布，造型多为平首、平肩、方足、方裆，体较狭长，借鉴殊币造型更多一些，但王莽时期的布币造型更小，如"次布九百""第布八百""幼布三百""大黄布千"等体积都不大，因为其目的只是为了搜刮民财，而并不是真正复古，或者是什么文艺复兴等，所以王莽布币的

新莽"货币"钱 汉代

特点就是种类多、数量少、体积小,这些特点在鉴定时应注意分辨。

(3) 东汉古钱

东汉铜钱抛弃了王莽时期诸多铸造的钱币,如诸多布币的造型,主要延续了西汉时期五铢钱等,圆形方孔。来看一则实例:"铜钱,总重7.5公斤,约4700枚。出土时锈结严重,成串的钱孔中仍有藤条留存,触之即成粉末。经处理后发现有四铢半两、五铢、大泉五十、货泉、五朱、无文钱及磨廓、剪边、凿边五铢"(象山县文管会夏乃平《浙江象山县清理一座东汉墓》,《考古》,1997年7期)。由此可见,西汉铜钱、王莽时期的少量货币,如大泉五十等依然延续,而且东汉铜钱在诸多细节上也是差别较大,如铭文书写上细微方面差异性也较复杂,"五铢钱,9枚,形制相同。M1∶9,两面外廓明显,背面有内廓。'五'字交股微曲,上下两横稍长。'铢'字规范精美,'金'字头作三角形,四点较长,'朱'字上为方折,下部圆折。'五'字形似洛阳烧沟汉墓Ⅰ型,而'铢'字笔划与Ⅳ型略同"(徐州市博物馆《江苏铜山县班井村东汉墓》,《考古》,1997年5期)。由此可见的确是区别较大,因为仅仅9枚钱币却还是分出了区别。但实质上这与西汉时期并没有太大区别,甚至有的钱币虽然是在东汉墓葬当中发掘出土的,但它的铸造年代很有可能就是在西汉时期,所以虽然东汉古钱币有其时代的气息,但在数量、铜质、造型、锈蚀等诸多特征上与西汉铜钱都比较相近,因此本书在这里就不再过多赘述,我们只要能够举一反三,就能够鉴别东汉古钱币。

新莽"契刀五百"铜钱 汉代

铜质较优新莽"货币"钱 汉代

4. 魏晋南北朝古钱

　　魏晋南北朝时期中国又重新陷入混乱之中，先是三国魏、蜀、吴的鼎立与互伐，西晋、东晋十六国时期以及南北朝时期由于尚未统一，所以战乱不断，虽然也出现过短暂的统一和东晋江南地区的经济发展，但广大人民还是生活在水深火热之中，整个社会还是在战争、动乱、贫困以及频繁的朝代更替中发展，这就是魏晋南北朝时期的社会历史大背景。而这种动荡和贫困的局面对于钱币的影响是深刻的，魏晋南北朝古钱在初期基本上还是延续汉代。来看一则实例："钱币，一串（M6∶18）。均锈蚀。种类有'大泉五十'和'五铢'钱"（南京市博物馆《江苏南京市北郊郭家山东吴纪年墓》，《考古》，1998年8期）。由此可见，汉代钱币基本上还在使用，特别是五铢钱依然是魏晋南北朝时期的主要货币。从质地上看，魏晋南北朝古钱仍然是以铜钱为主要特征，铁钱只占据很小一部分；从造型上看，依然是以圆形方孔钱为主，其他异形钱为辅助；从体积上看，魏晋南北朝时期铜钱大小不一，但是大钱在数量上显然没有小钱多；从数量上看，魏晋南北朝铜钱的数量十分丰富，出土几十枚的情况很常见，"钱币，共出土铜钱16枚"（青海省文物考古研究所《青海互助县高寨魏晋墓的清理》，《考古》，2002年12期）。不过一次出土几千枚的情况很少见；从铜锈上看，魏晋南北朝古钱保存较好的是北方地区，而南方地区由于埋藏环境不是很好，所以古钱锈蚀较为严重；从厚薄上看，魏晋南北朝铜钱厚薄都有见，但是以薄为多，在铜的配比上也是参差不齐；从铭文上看，铭文多数较为正规，以篆书为主；从做工上看，魏晋南北朝古钱做工延续了自汉以来的精细，这点没有太大的变化，只有极个别的古钱有变形现象，打磨仔细；从方孔上看，魏晋南北朝圆形方孔钱的孔，只是一个大致轮廓的正方形，而不是几何意义上的方孔，方孔所占面积较大。

　　魏晋南北朝早期的魏国多使用五铢，明帝时曾铸五铢；蜀汉也铸造了五铢，钱文为"直百五铢"，出土地点多在今天的四川。看来五铢钱在魏晋南北朝时期依然是较为流行的货币。吴国所铸造的货币特征明显，没有沿用五铢钱，而是铸造了"大泉五千""大泉两千""大泉当千""大泉五百"等特征较为鲜明的货币品种，使人的耳目豁然一新。由以上魏晋南北朝早期魏、蜀、吴时期铸造的货币，可以看到有一个较为鲜明的特点，就是可以明显地感觉到传统延续的影响，五铢钱的阴影仍笼罩在魏晋南北朝早期的货币之上。但从中还可以看出这与政治有着密切的关系，这种关系就是：魏国认为其帝位是得于汉朝，所以依然延续汉代五铢；而蜀国则认为自己是汉室宗亲，自然是大统的继承者，所以也延续用了五铢钱；吴国则没有这种认识，也自然没有必要延续此种类汉代的五铢钱，而是铸造了大泉类型系列的货币。所以，我们说货币在历史上所受到政治的影响十分深刻，赏玩时我们要始终注意到这一点。两晋十六国时期较为著名的钱有"凉造新泉""汉兴钱"等，这些钱币铸造得不是太好，给人的感觉就是杂，大小不一，工艺好坏也参差不齐，有的毛边还在，有的打磨则十分干净。南北朝时期的钱币又给人一个新的感觉，先后铸造了四铢钱、孝建四铢、大明背四铢等，后又铸五铢，较为著名的有二柱五铢、四柱五铢、太和五铢、永安五铢、大统五铢、常平五铢等，看来复古主义的思潮在魏晋南北朝时期又一次到来了，而且还是异常地猛烈。另外，北周还铸造了布泉、五行大布、永通万国等较为著名的钱币。由以上可见，魏晋南北朝时期的货币的确是异常地丰富多彩（姚江波著《中国古代钱币赏玩》，湖南美术出版社，2006年5月，第1版）。以上是魏晋南北朝古钱的一些大致特征，但这远不是全部的特征，由于和汉代诸多特征很相似，不再过多赘述，我们在鉴定时应注意分辨。

5. 隋唐五代古钱

隋、唐、五代时期相当繁荣，隋统一了全国，一个新的历史时期形成了，客观上有利于经济的发展和南北的交流。隋代在许多行业上都有相当大的发展，但隋代是个短命王朝，只有短短的36年就被唐王朝代替了。当然隋唐五代时期是个比较长的时代，隋还使用五铢，即所谓的隋五铢。看一则实例："五铢钱，11枚，分二式，Ⅰ式：1枚（M3：11-1）。'五'字交笔缓曲，窄廓。直径2.2厘米、穿径0.8厘米"（河北省文物研究所、平山县博物馆《河北平山县西岳村隋唐崔氏墓》，《考古》，2001年2期）。由此可见，隋代五铢是在继承前代的基础之上而来，与之前

"五铢"铜钱 隋代

"乾封通宝"铜钱 隋代

并没有太大区别。唐代是我国封建社会的最鼎盛阶段，物质文化极度繁荣，社会稳定，国际交流频繁，先后出现了"贞观之治"和"开元盛世"等异常繁荣的时期。在唐灭亡后中国又重新陷入了动荡之中，先后出现了数个政权更替的混乱局面，历史上称这一时期为五代十国时期。五代时期互伐不断，各个政权都争先恐后地发展自己的势力，所幸的是在五代时期并没有发生特别大的战争，所以五代时期的经济文化比唐代要落后，但可能比唐晚期的时候还是要好一些。这就是隋唐五代时期的社会大背景，可谓是波澜壮阔。所以这一时期的钱币也是这样，有继承传统的隋五铢，也有开时代新风尚的唐代各种铜钱，质量上乘，可谓是精美的艺术品；当然还有质量低劣的十国铜钱：精美绝伦与粗制滥造在这一时期相互交融和碰撞，共同演绎出了一曲壮美的画卷，而这些都是我们从货币之上所能够看到的（姚江波著《中国古代钱币赏玩》，湖南美术出版社，2006年5月，第1版）。来看一则实例："开元通宝1枚（M1:4）。出土于头骨左侧面部附近，略有锈蚀。钱文正面对读'开元通宝'，素背。直径2.5厘米、孔宽0.7厘米、廓宽0.2厘米、厚0.15厘米"（中国社会科学院考古研究所四川工作队、松潘县文物管理所《四川松潘县松林坡唐代墓葬的清理》，《考古》，1998年1期）。这是唐代最常见的货币，实际上与前朝的圆形方孔铜钱没有太大区别，或者说没有本质上的区别，只是铭文和铜质以及做工不同而已。

我们来分析一下隋唐五代时期铜钱的基本特征。从造型上看，这一时期的造型以圆形方孔的圆钱为主，不规则的造型很少见。从孔部特征上看，隋唐五代时期的造型多数为方孔钱，而且较为规则，但也有一部分的钱币方孔不是很规则，有的时候看起来甚至像是圆孔的钱币，但这种情况不是很多，主要集中在这一时期后期。

从质地上看，隋唐五代时期产生了圆形方孔的金币，但主要还是以铜钱为主。从大小上看，隋唐五代时期的同种类的铜钱规格较为统一。从厚薄上看，隋唐五代时期的铜钱削薄的情况不都见，多数较为厚实，只是五代十国时期有的铜钱较薄。从铜质上看，隋唐五代时期的铜钱铜质前期较好，后期不是很好，配比出了问题。从数量上看，隋唐五代时期的铜钱数量众多，很多收藏家手里都有，遗址、墓葬内大量有见，有的时候在古城内走路脚下都可以踩到。

"唐国通宝"铜钱　五代

"唐国通宝"铜钱（背面）　五代

"开元通宝"铜钱　五代

"开元通宝"铜钱（背面）　五代

从铭文上看，隋唐五代时期铜钱的铭文较多，但较为正规，多而不散，钱纹多以"年号"铭为多见，如"开元通宝"，还有就是以"元宝"为主要内容。从工艺上看，隋唐五代时期的铜钱工艺精湛，打磨仔细，手感光滑。从完残情况看，隋唐五代时期的铜钱由于铜质优，配比科学，多数完整，很少见到有断为两截和残缺的古钱。从铜锈上看，隋唐五代时期的铜钱在刚刚发现时多数铜锈比较严重，但是经过一段时间把玩后，黄色的铜质就会露出。另外，从地域上看，南方地区保存的情况不好，而北方地区保存比较好，特别是黄土高原地区保存尤为完好，铜锈不是很严重。从变形的情况看，隋唐五代时期的铜钱变形的情况基本不见，只是偶有见变形情况。从种类上看，隋代没有其他种类的钱币类型，仅见"五铢"钱，看来隋代受传统的影响极为深刻。唐代社会开始时仍然用"五铢"钱，武德四年废除"五铢"钱，使用

"唐国通宝"铜钱 五代

"唐国通宝"铜钱（背面）五代

"开元通宝"铜钱 唐代

"唐国通宝"铜钱 五代

"开通元宝"，"开通元宝"为著名书法家欧阳询所书；乾封元年又铸造了"乾封泉宝"；唐政府在后来又铸造了"乾元重宝"；后史思明又铸造"得壹元宝"等。唐代这些钱币使用的时间都比较长，其中最长的应属于"开通元宝"，基本上贯通于整个唐代社会。五代时期铸造的货币也不是太多，主要有"开成元宝""汉通元宝""天福元宝""周通元宝"等，十国中的货币主要有"乾封泉宝"，"乾封泉宝"后面带有"天"字；另外还有"永平元宝""光天元宝""乾德元宝""大齐通宝""应天元宝""唐国通宝""永安一百"……（姚江波著《中国古代钱币赏玩》，湖南美术出版社，2006年5月，第1版）。由上可见，隋唐五代时期的货币种类很少，五代时期也不是很多，而到了十国时期货币的种类多了起来，不过基本上也没有什么规律，十分混乱。但总的来看，隋唐五代时期的货币质量上乘，鉴定时应注意分辨。

6. 辽宋夏金元古钱

辽宋夏金元这五个王朝之间的对峙和战争从未停息过，但最终归于统一，被元朝所取代。首先来看一则辽代铜钱："共11枚。M1：18-1，为'半两'钱；M1：18-2，为'五铢'钱；M1：18-3～10，为'开元通宝'，多数钱文较清楚；

M1：18-11，钱文不清楚"（中国社会科学院考古研究所内蒙古工作队、内蒙古文物考古研究所《内蒙古扎鲁特旗浩特花辽代壁画墓》，《考古》，2003年1期）。再看一则实例："钱币330枚。计有汉五铢、货泉，隋五铢，唐开元通宝、乾元重宝，南唐唐国通宝、开元通宝，宋代宋元通宝、太平通宝、淳化元宝、至道元宝、咸平元宝、景德元宝、祥符元宝、天禧通宝、天圣元宝、明道元宝、景佑元宝、皇宋通宝等，共计20种76品"（常州市博物馆《江苏常州市红梅新村宋墓》，《考古》，1997年11期）。由此可见，辽宋时期很多前朝的钱也在使用，同样金元时期也是这样，有的时候几个国家的钱混在一起使用，如，辽在早期使用的是前代货币，多为唐代钱币，自己并没有铸造钱币，但后来逐铸数量较多的钱币，如应历通宝、保宁通宝、统和通宝、清宁通宝、咸雍通宝、重熙通宝、大康通宝、大安元宝、大康元宝、寿昌通宝、乾统元宝、天庆元宝（无先后顺序之分），从这些钱币的情况来看，辽代货币有对唐代的继承关系，如从款识上看依然是有一些"元宝"钱。但多数我们可以看到是"通宝"钱，这些"通宝"钱币首先从字意上看就是通用的意思，简单理解就是辽国铸造的钱币要通行诸国，体现了一种与政治、外交、军事相联的货币体系。当然"通宝"的意思很多也很复杂，但放在辽国的货币上应该是有这一层意思的，我们在赏玩时应当引起注意。再者从实际发现的数量上来看，这些钱币发现得并不是很多，辽国使用的仍多是宋代的铜钱，所以，这些钱币可能有较强的象征意义，就是新皇登基后一定要铸造一些钱币来象征自己的政权。

"靖康元宝"铜钱 宋代

"靖康元宝"铜钱 宋代

宋代钱币也相当多，如宋通元宝、靖康元宝、大宋元宝、大宋通宝、皇宋通宝、大观通宝、皇宋元宝、圣宋元宝、太平通宝、庆历重宝、嘉定通宝、嘉定元宝、嘉定崇宝、嘉定泉宝、嘉定重宝、淳化元宝、熙宁通宝、崇宁重宝、崇宁通宝、元丰通宝、致和重宝、绍兴通宝、绍兴元宝、元符重宝等，看来两宋时期的钱币种类可谓是丰富，基本上是以年号钱为主要特征，也有"通宝"和"重宝"两种，还有一些"泉宝"和"元宝"等。由此可见，既有传统的延续，又有创新。另外，两宋时期还有一些仿古泉币和花钱，可能主要为当时的收藏者准备，而并非实用。西夏钱币主要有福圣宝钱、大安宝钱、贞观宝钱、天庆宝钱、元德通宝、光定通宝、天庆元宝、元德重宝、皇建元宝等，看来西夏钱币铸造得不是很多，其风格很明显与宋代有着密切的联系，甚至可以说是仿宋而已。金代铸造也颇多，主要有大定通宝、正隆元宝、泰和通宝、阜昌元宝、阜昌重宝等，金代铸钱特点主要以仿宋为主要特征。元代铸造的钱币主要有以下几种，中统元宝、至元通宝、大德通宝、至大通宝、元贞通宝、元通元宝、泰定通宝、至正通宝、至顺通

"靖康元宝"铜钱 宋代

蒙古文"元贞通宝"铜钱 元代

"元贞通宝"铜钱 元代

宝、至正之宝、支钞半分、至治通宝等，看来元代铸造的铜钱确是较多，基本延续了宋钱特征，元代铜钱在官方使用得并不是太多，官方主要倡导使用钞和银子，而铜钱则主要是在民间使用，主要用于小规模的交易（姚江波著《中国古代钱币赏玩》，湖南美术出版社，2006年5月，第1版）。这说明辽宋时期中国古代钱币并没有过大的发展，基本上还是在延续着圆钱的历史。

辽宋夏金元时期的钱币向多元化发展，铜钱的地位在逐渐下降，纸币的地位在上升，银锭在交易中的地位也举足轻重，这已是辽宋夏金元时期钱币发展的大趋势。自从北宋首次发行纸币交子后，人们在感到纸币使用方便性和便于携带的特点后，

第五章 钱币

都十分响应,而纸币更是被统治者所接受,因为政府可以不再为钱的事情发愁,可以发行大量的纸币来进行调控,所以,纸币自产生后很快就成为了政府所倡导的最主要的货币。金朝发行了交钞,蒙古印发中统钞,甚至在"至元十二年(1275年),有废止南宋铜钱,以1∶50的比价收回南宋会子,换发中统钞,并发行'厘米钞'二文、三文、五文作为辅币。1282年禁止金银私相交易,只可在各路官库兑换"[朱绍侯、张海鹏、齐涛编著:《中国古代史》(下),福建人民出版社,2000年8月第1版]。由以上这段文字,可以看到纸币在这个时期是何其地盛行,但纸币致命的弱点就是很容易产生"通货膨胀",在社会经济较好之时纸币的确是方便了贸易,但当社会动荡或者是经济陷入低谷之时,纸币可随意发行的弱点就暴露了出来。封建统治者也深知这一点,但还是不断地发行纸币,最终使得"通货膨胀"严重,民不聊生。正如上面所讲的一样,统治者仍是不断地禁止使用其他等价物,一定要使用纸币,所以自纸币产生后,很快就成为了人们生活当中最主要的货币品种,特别是大宗贸易的等价物,但由于纸币不易保存,我们现在很少能够见到纸币实物,所以,在讲这一时期的古钱时还是以铜钱为主(姚江波著《中国古代钱币赏玩》,湖南美术出版社,2006年5月,第1版)。当然纸币也有缺陷,中国古代的纸币是随着商品交换的需要而产生的,在历史上一度成为最重要的货币,对封建社会商品经济的发展做出了巨大的贡献。但是,由于纸币天生的弱点,即可以被统治者随意地发行,因此纸币从它产生的那一天起,就一直被接连不断的通货膨胀所困扰,逐渐失去了人民的信任,纸币就会开始崩溃。总的来说,纸币的起源与崩溃形影不离,紧紧相联。铜钱的使用

"靖康元宝"铜钱 宋代

具有强大的传统影响力,不容易被纸币排挤出市场,铜钱强大的生命力体现在它在经历了政府推行纸币政策之后依然能够在民间流行,实际上在辽宋夏金元时期铜钱依然是市场流通中的硬通货。

7. 明清古钱

明清时期的古钱种类主要以纸币、银锭、铜钱为主要特征，纸币在入明后继续发展，洪武时期发行的大明通行宝钞一直沿用到明代末年。实际上纸币在明代已经失去了统治地位，基本被人们弃之不用，特别是明代中后期，随着资本主义萌芽的发展，商业交换活动的增多，人们彻底抛弃了容易通货膨胀的纸币，转而使用白银，当明代政府颁布法令，承认白银为法定货币后，中国古代的纸币制度彻底崩溃。清代对发行纸币也非常谨慎，只是在顺治、咸丰时期因军费实在不足发行过一些钞币外，其余时间很少发行，可见纸币在明清时期基本已不流行。实际上白银在明清两代十分流行，基本上承担了大宗货物的交换任务，但白银的弊端也很明显，就是不容易携带，特别重，一个银锭拿在手中都觉得特别费劲，所以很难真正地在闹市流通，真正在市井之上流通的仍然是几千年以来一直都在使用的铜钱，所以明清两代都十分重视铜钱的铸造。下面就来看一看明清两代铜钱的主要特征。

银锭 清代

银锭 清代

铜钱 清代

明清古钱依然是以自秦代以来一直使用的圆钱为主，圆形方孔钱的辉煌依然在继续。来看一则发掘材料："铜钱，共三串，计100枚。出土于后室西壁龛内。时代最晚者为明代洪武通宝，还见有唐代开元通宝、乾元重宝，宋代淳化元宝、咸平元宝、景德元宝、祥符通宝、天禧通宝、治平通宝、熙宁元宝、元丰通宝、元祐通宝、绍圣元宝、大观通宝、政和通宝、天圣元宝、皇宋通宝、圣宋元宝、宋元通宝，元代至元通宝以及善国通宝等"（南京市博物馆雨花台区文化局《江苏南京市戚家山明墓发掘简报》，《考古》，1999年10期）。可见明代铜钱的发现几乎同其他时代是一样的，都是对于前朝铜钱有着相当程度的继承,墓葬当中不仅仅有本朝货币,还有前朝的钱币,这说明明清钱币从本质上并没有太大的变化,大多只是年号换一换而已。明清两代的铜钱造型继承传统,造型

"天启通宝"铜钱 明代

"天启通宝"铜钱(背面) 明代

十分规整,改变很少。在大小上明清古钱在体积上大小不一,以小钱的数量为显著特征;从使用上看,多为市井之上的小宗交易;明清铜钱在铜质上十分稳定,配比合理,铜质较好。明清铜钱以年号款为主要特征,如洪武通宝、永乐通宝、宣德通宝、弘治通宝、嘉靖通宝、万历通宝、泰昌通宝、天启通宝、崇祯通宝等,基本上是以年号为特征向下延续,"通宝"显然是传统的延续,因为在明代已经统一,没有什么通与不通的问题。另外,在明灭亡后南明小朝廷也铸造了不少钱币,主要有弘光通宝、大明通宝、隆武通宝、永历通宝等。清代钱币实际上早已铸造,在清军还在关外的时候就铸造了钱币,主要有天命汗钱,此种钱币有满文和汉文两种,这说明在当时关外的后金国与大明国的交往已经相当密切。另外,还铸有天聪汗之钱(满文)。在清入关

"永昌通宝"铜钱 明代

后便按皇帝的年号铸造钱币了,主要有顺治通宝、康熙通宝、雍正通宝、乾隆通宝、嘉庆通宝、道光通宝、咸丰重宝、祺祥通宝、同治通宝、光绪通宝、宣统通宝等,由以上可见,清代铜钱规制清楚,严格按照年号来制作铜钱,可谓是延续了明代的传统。另外,清代还发行过大钱,以虚代实,主要有咸丰大钱、同治大钱和光绪大钱,尤以咸丰大钱发行量最大,实际上咸丰时期不光是发行了大钱,而且也发行了纸币。由此也可见,由于太平军起义的影响,咸丰朝是多么的需要钱来充当军费,以维护清王朝的统治。看来清代的统治者也十分清楚此种大钱的危害性,但是在迫于无奈

"万历通宝"铜钱 明代

"万历通宝"铜钱（背面） 明代

"咸丰重宝"铜钱 清代

"咸丰重宝"铜钱 清代

时还会利用手中的权力来发行大钱，甚至是纸币。自然，同治和光绪时期发行大钱的原因也是因为实在是没有钱应付国内外的危机才这样做的（姚江波著《中国古代钱币赏玩》，湖南美术出版社，2006年5月，第1版）。另外，明清时期花钱和吉祥语也特别多，铭文多出自大家之手，文字结构合理，线条流畅、有力；在数量上，明清古钱数量特别多，墓葬和遗址出土都有一定的量。另外，还有特别之处，就是明清时期距离现今天时间不是很久远，传世的铜钱数量很多，如果说是算总量的话，可能传世品的数量远超过墓葬和遗址出土数量总合，有的地方铜钱还有挂在门帘上，以及过去小孩踢毽子的毽子底部都是用铜钱做的，总之就像现在的分币似的数量众多。但是随着收藏热的兴起，这种情况越来越少见了，很多钱币都被有心人收藏，市场的热度也是一浪胜过一浪，有的很普通的钱币过去几分钱都可以收一个，现在开价就是几百块，拍卖成交记录更是上千，不过显然盛世收藏是有利于明清古钱币的，因为人们一旦收藏就会悉心去保护它，使其免于受到伤害。另外，从工艺上来看，明清铜钱的工艺精湛，打磨仔细，粗糙者偶见；从厚薄上看，明清铜钱在厚薄上不一，其厚薄程度基本上是同造型大小相关，体积大者厚实，而

"壹圆"银币 清代

体积小者轻薄,但同一种类铜钱在厚薄上基本一致。从风格上看,明代铜钱少数民族气息较少,而清代铜钱少数民族气息较重,很多情况下铜钱的风格是满汉两种文字。从方孔上看,明清铜钱多数标准,

"大明"金币 明代

"大明"金币(背面) 明代

但这种标准只是视觉意义上的概念,方孔的大小也基本相似,造型偏小。从钱制上看,明清两代都制定了严格的货币制度,这使得明清两代的铜钱非常规整,所有的铜钱都有据可查。从管理上看,明清铜钱基本上都是由政府铸造,或者是委托铸造。当然,清代藩王也曾铸造有钱币。如吴三桂就曾铸造过"利用通宝""昭武通宝""洪化通宝"等。耿精忠也曾铸造过裕民通宝钱;不过这些藩王所铸造的铜钱基本造型还是以圆形方孔为主,但这些钱币显然不是主流,从数量和流行程度上都极为有限。

"咸丰重宝"铜钱 清代

"利用通宝"铜钱 清代

"利用通宝"铜钱(背面) 清代

第六章 铜镜

铜镜早在新石器时代就已经产生,但铜镜在商和西周时期并未被普及,春秋早中期开始大规模流行,成为一种时尚,至战国时期铜镜已成为以家庭为单位所必备的日常生活用具,秦汉以降,直至清代,看来铜镜作为人们日常影像的器具,其产生、发展、消亡的时间跨越了几乎我们所能认知的人类历史。铜镜在漫长的岁月发展长河中一直固守着影像的基本功能,虽然在历史上铜镜的功能也曾不断地延伸,如财富、装饰、商品、礼品、信物、明器的功能在某些历史时期都相当发达,但这些功能以阶段性特征为主,有的甚至是"昙花一现",很快就消失掉了,只有影像的功能伴随着铜镜前行,到了清代中后期随着玻璃镜普遍使用,铜镜影像的基本功能才逐渐消退,近而铜镜也消失了。然而铜镜所

铜镜 战国

连峰钮铜镜 汉代

直径较大铜镜 隋唐时期

有锈蚀铜镜 六朝

固守的不仅仅是其功能,在造型上铜镜也是相当的固守成规,主要以圆形为特征走完了其生命的历程,如新石器时代产生之初铜镜的造型就为圆形,直至清代铜镜的消亡之时依然为圆形。当然在铜镜发展的过程当中,也曾出现过造型各异的铜镜,如方形镜、手柄镜……,但这些铜镜的数量和流行时间非常有限,不构成对圆形镜造型的威胁。而正是铜镜功能和造型的固定化,促使了铜镜在各个历史时期基本上都是规模化生产,其数量几乎为历史上铜器数量之最,由此也决定了铜镜在铜器市场上三分天下的局面。但目前收藏市场上出现的铜镜大多都是传世的明清制品,其

市场价格说句实在话不是很高，不过铜镜市场可谓是方兴未艾，其主要原因是，铜镜越来越少了。可以这样讲，宋以前的传世品非常有限，大多为墓葬随葬品，即使有出土，也是经科学发掘出土，最终都到了博物馆，这样实际上对于收藏者而言铜镜就具有不可再生性，而随着收藏市场和人群的扩大，收

"真子飞霜"铜镜 唐代

藏者手中的铜镜，即使是明清镜也将会成为稀少的孤品，其升值的空间不可估算（姚江波著《中国历代铜镜赏玩》，湖南美术出版社，2006年5月，第1版）。遗憾的是由于受到暴利的驱使，铜镜的作伪一直是个问题，当然这和铜镜比较容易铸造也有关系，一时间市场上，鱼龙混杂，难以辨认。本章以科学考古发掘所出土的器物为依据，以出土器物为佐证，将文物置于时代和社会历史大背景下来考虑，具体而细微地指导收藏爱好者由古铜镜的细部，如造型、纹饰、铭文、铜质等去鉴别真伪、评估价值，力求使藏友读后由外行变成内行，真正领悟收藏，从收藏中受益。

镜面光滑铜镜 唐代

连弧纹铜镜 汉代

圆形铜镜 宋代

铭文丰富的铜镜 宋代

面微凸的铜镜 唐代

造型隽永的铜镜 六朝

完好无损的铜镜 明代

直径较大的铜镜 明代

神仙杂宝纹铜镜 元代

"位至三公"铭文铜镜 汉代

第一节 新石器时代至春秋时期铜镜

1. 从新石器时代铜镜上鉴定

铜镜早在新石器时代就已经产生,在距离今天4000年左右的齐家文化中出土了一件铜镜:"钮外饰凸弦纹一周,近边缘圈内以三角纹折转成七角星形图案。七角星纹不甚规则,用与角之间饰斜线纹"(孙祥星、刘一曼《中国铜镜图典》,文物出版社,1992年第1版)。由上可见,这是一面七角星铜镜,应该是我们目前所能看到最早的铜镜,齐家文化属于新石器时代晚期,可见铜镜至少在新石器时代晚期就已经出现。而我们知道当时的青铜冶炼能力很弱,铜是异常珍贵的贵金属材料,可能就相当于我们现在的黄金一样,所以这样的贵金属材料不可能得到普及,作为财富储备和炫耀的功能可能更强一些,可见铜镜在新石器时代还没有普遍使用。

2. 从夏代铜镜上鉴定

夏代由于时间较短,铜镜也没有普遍使用,所以在确切为夏代的遗址之中没有发现铜镜,但既然新石器时代就已经发现铜镜,从理论上看夏代铜镜应该是存在的,只是没有找到而已,鉴定时应注意这一点。

3. 从商代铜镜上鉴定

商代青铜器的铸造已非常普遍,如,青铜鼎(大鼎、大方鼎)、青铜罍、青铜簋、青铜钺、青铜鬲、青铜豆、青铜爵、管流爵、青铜尊、青铜觚、青铜戈、青铜镞、青铜矛、青铜斧、青铜锛、青铜壶、青铜盆、青铜觯、青铜盘、青铜卣、青铜镜等,这样看来青铜镜应该在铸造技术、原料等各个方面都已成熟,但事实显然不是这样,商代铜镜的数量少到了极点,其大众影像的功能根本还没有开始。

4. 从西周铜镜上鉴定

西周铜镜的情况与商代基本相似，在数量上极少，铜镜依然被遗忘在角落里，这可能与当时人们过于重视礼器有关。在河南三门峡西周晚期虢国墓地就曾出土过一些铜镜，不过数量也是较少，鉴定时应注意这一点。

5. 从春秋铜镜上鉴定

春秋时期铜镜有所发展，但是依然没有得到普遍使用，这一点从发掘出土的铜镜数量就可以清楚地看到，鉴定时应注意这一点。

6. 从造型上鉴定

新石器时代至春秋时期铜镜的造型以圆形为主要特征。新石器时代造型为圆饼形，这一造型影响到了商和西周时期的铜镜，其基本造型依然是圆形。有些器物的造型需要经过多次改造才能变得合理，然而铜镜的造型却是一次到位，看来最初的造型已经达到了与该器物功能相对应的最好状态，所以在铜镜功能不改变的情况下，其圆饼形的造型通常也不会改变。只是偶有见，异形的铜镜造型，但数量都很少，多数犹如"昙花一现"，很快就消失掉了。

7. 从纹饰上鉴定

新石器时代至春秋时期铜镜上有精美的纹饰，如我们以上所举新石器时代的实例，凹弦纹和七角纹已经成为新石器时代铜镜的主要纹饰，可见铜镜从其产生之初就十分重视其装饰，夏、商、西周青铜器发现不多，但从仅有很少的发掘上就可以看到，商代铜镜纹饰主要以射线纹和弦纹组成的车轮形状以及纹乳钉纹为多见；西周以鸟兽纹为多见，如鹿、鸟、虎纹等常见，春秋时期铜镜上的纹饰多起来，如虺龙纹、羽状纹、变形兽纹镜、兽面纹等都有见，这从一个侧面也说明铜镜的地位提高了，人们对其相当珍视，所以才会在上面铸刻纹饰。只是春秋时期铜镜的纹饰犹如一个新的开端，并不是十分精美。鉴定时应注意分辨。

8. 从出土位置上鉴定

新石器时代至春秋时期铜镜的出土位置多是在墓葬，遗址出土的情况很少见，且多在中原地区文明的核心地段，如两京周边等都有可能会出土这一时期的铜镜。

9. 从素面上鉴定

新石器时代至春秋时期铜镜中素面者有见，但数量上不占主流地位，这是由于铜镜贵金属的固有特征所决定的，非常珍贵的原料，人们必然会对铜镜进行精心的设计，而纹饰是其中一个很重要的方面，所以越是早期的铜镜，其实装饰纹饰的可能性越大，所以当有人拿着早期素面的铜镜时你应该小心是伪器。

10. 从大小上鉴定

新石器时代至春秋时期铜镜体积以小镜为主，直径多在5~6厘米左右，然后随着时间的推移，铜镜在体积上有所增加，但这个速度相当慢，如西周时期虢国墓出土的铜镜依然是非常小，看起来不像是铜镜，倒像是一件首饰铜镜，春秋时期的铜镜有所增加，但也不是太大，以7~8厘米左右的铜镜居多。

11. 从钮部上鉴定

新石器时代至春秋时期铜镜的钮部特征以圆钮为主，弓形钮也有见，钮的造型随着时间推移逐渐增多，至春秋战国之际，铜镜的钮的造型已经十分复杂，圆钮、弓形钮、虎形纽、三弦钮、桥形钮、方形钮座等常见，看来春秋战国时期钮的造型也是在不断向多元化发展。

12. 从厚薄上鉴定

新石器时代至春秋时期铜镜在厚薄特征上初期以薄为显著特征，随着时间的推移铜镜的厚度也在不断增加，春秋战国铜镜要比前代厚实的多，但与整个铜镜史相比厚度还略显单薄。

13. 从铜质上鉴定

新石器时代至春秋时期铜镜的铜质很明显早期并不是很好,晚期铜质在配比上逐渐科学,显得非常好,鉴定时注意分辨。

14. 从锈蚀上鉴定

新石器时代至春秋时期铜镜的铜锈相当严重,这可能与埋藏时间过长有关,只偶见有保存较好者,从春秋时期的铜镜看,很多铜镜都是布满锈蚀,甚至纹饰都看不清了,偶有见粉状锈的情况。

15. 从工艺上鉴定

新石器时代至春秋时期铜镜的工艺十分讲究,打磨地尤为仔细,但由于制作工艺需要积累,所以横向与整个铜镜史相比,这一时期的铜镜还显得稚嫩,包括春秋时期的铜镜也是这样。

16. 从功能上鉴定

新石器时代至春秋时期铜镜的功能,当然其基本功能应该是以影像为主,这是制作它的初衷,但由于早期铜镜过于珍贵,实际上拥有它的人,可能首饰和炫耀功能超过了其固有的功能。

第二节 战国铜镜

　　西周晚期周王朝的统治处于风雨飘摇之中，公元前771年申侯联合犬戎攻占镐京，杀周幽王，西周灭亡，公元前770年周平王迁都洛邑，东周正式开始，从公元前770年到公元前476年这段时期人们称为春秋，而公元前475到公元前221年，历史上称之为战国时期。在西周灭亡后，西周时期的"礼制"也随之崩溃，许多严格的礼制不再执行，根据礼器的规律性特征，"既，强大性、人们不可征服性或具有某些神秘特征的自然界里一切物质，都有可能成为人们崇拜的对象，在特定的历史大环境中，都有可能被变形、被抽象地以纹饰或器形的特征被披上神秘的面纱，成为礼器的一种，或是为礼器服务。一旦环境起了变化，比如说随着人们征服自然能力或是认知的提高，某些礼器或是礼器性的纹饰就会随着人们对这种崇拜的征服而退出礼器的舞台"（姚江波《西周青铜器鉴定》，《中国文物报》，2004年2月28日）。根据这个规律，在西周晚期礼制崩溃后，大多数的青铜器如鼎、簋、鬲等国之重器都迅速失去了礼器的功能，多变成了一般的生活用具，而铜器在生活用具中并不占优势，如与陶器相比就没有陶器的成本低廉以及制作方便，所以铜质的生活用具不断被陶器所排斥，如仅春秋时期的陶器造型就有盆、碗、盂、豆、罐、鬲、瓮、盘、壶、水管道、陶钵、灶、缸、茧形壶、壶等，可见其种类之多，品种之全，因此从客观的角度分析，在春秋时期应有大量剩余的铜资源，再加之开采技术和能力的增强，铜镜普遍使用的时间终于到来了，而铜镜这种在人们日常生活中使用频率极高的生活用具显然又是陶器所不能代替的，所以当春秋时期的生活用具成为人们关注的焦点之后，铜镜也就很自然地从黑暗的角落里走了出来，从此成为人们再也离不开的日常生活用具。所以，战国时期的铜镜才得以被真正普遍地使用，从此铜镜登上了历史的大舞台。下面来具体地看一下春秋战国时期的铜镜及其主要特征(姚江波著《中国历代铜镜赏玩》，湖南美术出版社，2006年5月，第1版）。

1. 从出土位置上鉴定

在战国时期墓葬当中出土了众多的铜镜，来看一则实例："铜镜，出土于2座墓"（怀化地区文物管理处、辰溪县文物管理所《湖南辰溪县黄土坡战国墓发掘简报》，《南方文物》，1996年第2期）。由此可见，战国铜镜以墓葬出土为主，其他出土位置为辅，而之所以形成这种格局有着深刻的历史渊源，它反映了战国时期铜镜的普及率相当高，而且主要是以家庭为使用单位，所以，才会出现在单个墓葬当中普遍随葬铜镜的现象。从出土地点上来看一则实例："山字纹铜镜，八里桥战国墓出土"[辛礼学（蚌埠市博物馆馆员）《安徽省蚌埠市博物馆馆藏文物选介》，《文物》，2002年第1期]。该铜镜的出土地点是在安徽省的蚌埠市，而上例铜镜的出土地点是在湖南的怀化，看来这两件铜镜在出土地点上差距还是比较大，实际上像这样的例子不胜枚举，就不再一一赘述，但总的特点是战国时期铜镜的使用区域十分广阔，在中原地区及当时的全国都发现出土有铜镜。

铜镜 战国

2. 从厚薄上鉴定

铜镜的厚薄主要涉及铜镜的用料，也就是使用铜的数量，来看一则实例："铜镜M26：2，体薄"（常德市文物管理处《湖南常德县黄土山楚墓发掘报告》，《江汉考古》，1995年第1期）。由此可见，这件战国时期的铜镜体非常薄，而体薄则意味着铜镜用料少，但这并不绝对，主要是因为还有一个大小的问题，虽然一件铜镜很薄，但如果体积很大，那么铜镜的耗铜量也会非常之大，而战国铜镜会不会是属于这种情况呢？不过事实证明战国铜镜不是这样，来看一则实例："铜镜M1：18，小而薄"（商洛市考古队、洛南县博物馆《洛南西寺冀源及城关粮库东周墓发掘简报》，《考古与文物》，2003年第5期）。看来该例向我们清楚地说明了这一点，这件战国铜镜不但薄，而且体积小，耗铜量较低，由此可见，战国铜镜的厚薄特征十分明确，就是体小而质薄。当然，我们无法评述战国时期铜镜在质量上的优劣，不过可以肯定的是，战国时期之所以生产小而薄的铜镜，与战国时期列国纷争，战乱不断，铜资源匮乏的时代大背景紧密相关，很有可能正是由于受到了战乱的影响，人们在选择铜镜厚薄和造型之时，青睐的是小而薄，这也是客观现实对于铜镜这一特征的需要，近而演化成

小而薄的铜镜 战国

为一种造型的习惯。我们发现有一些镶嵌有十分珍贵物质的铜镜也是这样，而这样贵重的铜镜我们不能说是吝啬对铜原料的使用，唯一的解释就是在战国时期，人们对于铜镜厚薄特征的理解已经形成了思维定式。因此，在战国时期绝大多数的铜镜都是较薄，只有极个别有肥厚的现象。

另外，战国铜镜的薄也会带来一些经常发生的现象，如，战国铜镜由于体薄而十分易碎，这一点许多发掘报告也是这样认为："铜镜 M1：5，体薄易碎"（淄博市博物馆《山东淄博市临淄区南马坊一号战国墓》，《考古》，1999年2期）。所以，我们在发掘和欣赏一些战国铜镜的时候要十分注意，因为我们不断听说战国铜镜不慎被摔在地上而粉碎的消息，这是本书要提示收藏者的重要一点。

3. 从镜面上鉴定

战国时期铜镜的镜面，一般情况下都是十分规整，主要体现在两点，一是平整，二是光滑；首先看平整，"铜镜 M1：18，镜面平整"（商洛市考古队、洛南县博物馆《洛南西寺冀源及城关粮库东周墓发掘简报》，《考古与文物》，2003年第5期）。由此可见，这件铜镜的表面十分平整，看来战国铜镜对于镜面的要求十分严格，因为将众多铜镜的镜面保持在平整状态也并非是一件易事，然而战国铜镜做到了，而且做得淋漓尽致，从众多的发掘资料来看，

四弦钮龙鸟纹铜镜 战国

战国时期的铜镜其镜面基本上都是保持在一种水平状态,但这种水平只是我们视觉上的一种平整,而不是物理学上的水平,在鉴定时要注意理解这一点。实际上战国铜镜之所以持久在镜面上显示了这样的特征,也并不是像后来的金元时期那样,对于铜镜的造型等各方面政府有统一的规定,而在战国时期没有,事实上也不可能有政府干预的情况,我们知道战国时期有众多的国家,而这些国家政令是不通的,所以,战国时期铜镜在镜面上的特征是一个典型的观念影响力的表现,由此可见,观念的影响力是巨大的,它并不受国家和地域的限定,只是受到战国铜镜实用观念的影响。其次是光滑,也许很多人没有看到过战国铜镜的光滑,因为铜镜一般都被铜锈所包裹,一般情况下收藏者是不会将其打磨干净的,而在一些发掘现场或者是在修复室内,我们可以局部或者是全部看到战国铜镜光滑,小而平整的镜面使人视觉上形成冲击力,感到战国铜镜竟然如此的光滑。同时在手感上,当我们用手触摸这些铜镜之时,或许才会真正地感到它们滑入脂玉的感觉,当然这种感觉不仅仅是笔者,很多发掘报告和我的感觉是一样的,如"铜镜M7:2,镜面光滑"(苏州博物馆《苏州真山四号墩发掘报告》,《东南文化》,2001年第7期)。由此看来,战国铜镜在视觉和手感上的特征都是光滑的。这也体现了战国时期人们对于滑和润泽思想的理解。

4. 从素面上鉴定

战国铜镜的素面特征是从镜背面而讲的,一般情况下都是这样,只有极个别的情况是针对镜面而谈,因为战国时期铜镜对于人们来讲应该是最重要的日常实用器皿,一是人们每天梳妆都要使用,二是由于铜资源在当时十分匮乏,所以铜镜应该说是一种财产了,或许对于一般的人来讲,一生可能就只拥有一面铜镜,因此在战国时期人们将铜镜看得很重,都是以实用为主,很少像后来那样出现专门用来玩赏的铜镜,如镜面和镜背都装饰有纹饰的铜镜,所以,素面和非素面在战国时期仅仅是针对镜背面有无纹饰而言,而镜面统一为实用影像的功能,这样我们就容易理解铜镜素面的特征,实际上在战国时期铜镜无纹素面的情况很多,来看一则实例:"四山镜,M1:1,素镜"(怀化地区文物管理处、辰溪县文物管理所《湖南辰溪县黄土坡战国墓发掘简报》,《南方文物》,1996年第2期)。由上例可见,这是一件墓葬之中出土的素面铜镜,看来墓主人是生前使用这面镜子,在逝去之后将其带入墓葬中。由以上分析,可以推断或许这个墓主人一生就使用了这一件铜镜,那么这一生她所使用的铜镜都是素面的,假如这种推断成立,那么我们就可以看到在战国时期人们对于美丽图案的渴望并不像后来唐宋时代那样几乎是每镜必有,而是很多铜镜没有。由此可见,战国时期的铜镜主要还是实用的功能,其他如审美方面的功能还没有太在意到,这就是战国时期的素面铜镜,可称之为真正的素面。

5. 从沿部上鉴定

战国铜镜沿部特征十分明显,主要是以宽沿为主,很窄的沿较少见到,来看两则实例:"铜镜M7:2和M7:3,宽沿"(苏州博物馆《苏州真山四号墩发掘报告》,《东南文化》,2001年第7期)。由此可见,这是同一座墓葬当中的两面铜镜,它们的沿部特征都是宽沿,这样的例子还有很多,在这里就不再过多赘述,实际上战国时期铜镜形成这种宽沿的特征主要还是与实用有关,过分讲究实用,所以将沿做得很宽,以昭示铜镜的结实,但事实上战国铜镜十分单薄,这种矛盾性的昭示,使我们感慨,事实上宽沿所起到的作用是为了弥补铜镜小而薄的不足,试图利用其在造型上的手法来使非常薄的铜镜可以放置得很稳当,看来战国时期的人们是深知铜镜小而薄的弊端。不过即使沿部较宽,由于体很薄,所以往往会造成沿部残缺,这样的例子很多,我们来看"铜镜M1:18,沿部有残损"(商洛市考古队、洛南县博物馆《洛南西寺冀源及城关粮库东周墓发掘简报》,《考古与文物》,2003年第5期)。这不是一个孤例,实际上战国时期的铜镜沿部缺损的情况很严重,在鉴定时应注意这一现象,将其作为一个鉴定依据来使用。

6. 从造型上鉴定

战国铜镜的造型以圆形为主要特征,同时在战国时期出现了一种新的造型,这就是方形的铜镜,为正方形造型,而且造型十分规整,很少看到不规则的造型,由此可见，战国时期铜镜在造型上有了一定的突破，当然由此也可以看到战国时期铜镜得到了人们的重视，所以其造型才会有改变的可能。

7. 从纹饰上鉴定

战国铜镜的纹饰异常精美，纹饰种类繁多，常见到的纹饰有，云雷纹镜、山字纹镜、几何纹镜、蛇纹镜、鹿纹镜，鸟纹镜、虎纹镜、菱纹镜、兽纹镜、变形兽纹镜、龙纹镜、凤鸟纹镜、禽兽镜、花叶镜、弦纹镜、饕餮纹镜、蟠螭镜、凤鸟纹、羽鳞纹镜、连弧纹镜等，由以上可见，战国时期铜镜上的纹饰真是种类繁多，群星璀璨，出现了许多前所未有的新纹饰，如山字纹等。当然这

山字纹镜 四山镜 战国

些纹饰中大多为借鉴同时期青铜器上的纹饰造型，如云雷纹、蟠螭纹、凤鸟纹等，这些青铜礼器上的纹饰被引入到了铜镜之上。从纹饰种类上看，战国时期纹饰上一般都铺的很满，纹饰也出现了复杂化的趋势，仅山字纹镜就可以分为：三山、四山、五山、六山镜等，其他的纹饰也类似此现象，如龙纹镜等，也是种类很多。总之，战国时期的纹饰犹如一个新的开端，向着复杂化、精美化、组合图案的方向发展。

8. 从数量上鉴定

战国铜镜的出土数量相当丰富，墓葬中一般都随葬有铜镜，来看一则实例："镜1件"（长沙市文物考古研究所《长沙市茅亭子楚墓的发掘》，《考古》，2003年4期）。再来看一则实例：铜镜1件（西安市文物保护考古所《西安北郊尤家庄二十号战国墓发掘简报》，《文物》，2004年第1期）。像这样的实例随意选择还会有很多，如"铜镜1件"（苏州博物馆《苏州真山四号墩发掘报告》，《东南文化》，2001年第7期）。由上可见，列举

铜镜 战国

的这三个实例，有一个共同点就是出土铜镜时一件，这并不是特意选择的例子，而是从发掘简报中随机抽取的，这样我们就知道战国时期铜镜出土的数量以1件为多，虽然看起来这不是一个很大的数字，但是这说明战国时期人们随葬铜镜已成风气，这样算起来也是一个庞大的数字，稍微有一点身份的墓葬基本都随葬有铜镜，可见当时铜镜的数量之多，鉴定时应注意分辨。

9. 从大小和铜质上鉴定

战国的铜镜在大小上变得大小不一，但从总体上看比前代大了许多，有越来越大的趋势，直径7~8厘米左右的铜镜很多，10厘米以上的铜镜也有很多。由此可见，战国时期铜镜在大小上相互之间的距离在不断拉大。在铜质上，由于战国时期铜已经不是一种十分贵重的金属，可以看到战国铜镜在铜质的选择上比较好，配比也很科学，但是如果与唐宋时代比，战国

铜镜 战国

时期的铜镜在配比上可能还有些问题，所以我们在接触战国铜镜时还是要极为小心，从以往的事故教训来看，如果不小心掉到地板上多数还是会碎掉。

10. 从钮部上鉴定

战国铜镜的钮部特征多为圆钮、弓形钮、虎形钮、三弦钮、桥形钮、方形钮座等，看来战国时期钮的造型也是在不断向多元化发展。另外，还出现了多钮镜的造型，而在现实生活当中多出的钮应该没有什么实际作用，而主要是为了装饰的需要罢了。所以，在战国我们看到的已不仅仅是一件影像功能的铜镜，而是一件寓意深刻的艺术品。

有锈蚀的铜镜 战国

11. 从锈蚀与工艺上鉴定

  战国铜镜的铜锈相当严重，有的纹饰已锈蚀得看不清了，厚厚的一层锈蚀，当然这些锈蚀主要与铜镜的埋藏环境有关，如果环境好的铜锈会好一些，反之则锈蚀得不成样子。通常锈蚀的工艺往往阻挡了铜镜的工艺，实际上我们仔细观测，还是可以感受到战国铜镜对于工艺的重视，各个方面都比较讲究，打磨得尤为仔细，可谓是工艺精湛，精美绝伦。

12. 从功能及名贵镜上鉴定

  战国铜镜的主要功能终于走向了影像，成为人们日常的生活用具。但同时还能够看到其传统装饰和炫富功能在战国时期的延续，如这一时期出现的名贵镜就是很好的明证，战国时期出现了一些较为名贵的铜镜，如镶嵌铜镜和错金银镜在这一时期都有较大发展，这种铜镜主要是将更为名贵的贵金属与其结合，增强其综合贵金属的财富象征功能。

生活气息浓郁的铜镜 战国

第三节 秦汉至南北朝铜镜鉴定

1. 时代背景

秦汉时代是铜镜的大发展时期,战国时期铜镜普遍使用的传统进一步发展,来看一则实例:"镜1件(M1:12-1)。圆形,薄体,环钮,素面。直径9.6厘米、厚0.3厘米"(荆州市荆州区博物馆《荆州摇鼓台秦墓发掘简报》,《江汉考古》,2003年第3期)。可见秦镜造型完全是延续战国时期,小而薄的铜镜胎体表明其功能可能完全为实用,不过真正能够确定是秦代的铜镜不是很多。汉王朝"休养生息"的政策,使得人们安居乐业,社会财富急剧增加,铜镜的数量大为增加,铜镜的种类、做工、纹饰也都极为发达,真正成为普通的日常生活用具。汉之后的三国两晋南北朝这几个历史时期,六朝时期铜镜与汉代相比有了很大的变化,铜镜种类减少,工艺不如汉代,这可能与魏晋南北朝时期中国陷入战乱有关,广大人民还是生活在水深火热之中,铜资源异常匮乏,铜镜受到不小的冲击,南北朝时期也是这样,铜镜多多少少地受到一些冲击,但还是在缓慢发展。

铜镜 汉代

2. 从造型与大小上鉴定

秦汉至南北朝时期铜镜主要以圆形为主要特征,其他诸如方形的造型在这一时期变得很少,时间很长,由此可见,人们固守传统。铜镜的造型固定化的趋势,并未能够影响到其大小的发展,秦汉至南北朝时期由于时间比较长,铜镜在大小上所表现出的特征也是大小不一,但多处于一定的范围之内,如7~15厘米左右

镜面微弧铜镜 汉代

的尺寸常见，其实这样的尺寸在后来时代中变化也不大，因为它应该是比较适宜于人们映像的，再大和再小的铜镜反而会造成其他诸多方面的不便，如过重、不方便等，同时直径过大也容易断裂，不实用，炫富的功能也已经远去。以上这些在鉴定时应注意分辨。

四乳镜 六朝

3. 从数量上鉴定

秦汉至南北朝时期铜镜的数量规模庞大，汉代数量增加最快，魏晋南北朝时期少一些，有的墓葬找不到铜镜，鉴定时应注意分辨。

4. 从素面与纹饰上鉴定

秦汉至南北朝时期素面镜存在是一个不争的事实，不过数量很少，卖给很穷苦的人来使用，做工比较粗糙。大多数铜镜之上铸刻纹饰，秦汉至南北朝时期铜镜的纹饰异常繁荣，四乳禽鸟镜、禽兽博局镜、三角纹、几何纹博局镜、多乳禽兽镜、柿蒂纹、蟠螭镜、凸弦纹、缠绕蟠螭镜、间隔蟠螭镜、青龙、白虎、朱雀、玄武四神镜、博局镜、蟠虺镜、圈带蟠虺镜、方格蟠虺镜、花瓣兽纹镜、锯齿纹、花瓣花叶镜、草叶镜、对称草叶镜、水波纹、尊列草叶镜、博局草叶镜、星云镜、四乳铭文镜、连弧镜（圈带）、四乳禽兽镜、四乳虺纹镜、四乳四神镜、叶形纹、五乳禽兽镜、变形四叶龙虎镜、神兽镜、神人车马画像镜、神人龙虎画像镜、神人禽兽画像镜、人物画像镜、龙虎瑞画像镜、双头夔凤镜、双凤镜、星云纹、盘龙（虎）镜、龙虎对峙镜、禽兽镜、禽鸟镜、圆珠纹、六乳禽兽镜、其乳禽兽镜、连弧镜、连弧云雷镜、连弧凹面镜圈带镜、变形四

星云铜镜 汉代

夔凤、栉齿纹组合铜镜 汉代

叶镜、变形四叶夔凤镜、变形四叶对叶镜、栉齿纹等都有见，由此可见，这一时期铜镜上的纹饰极为丰富，人们对纹饰的重视达到了一个前所未有的程度，看来人们对于铜镜不仅仅是要求其基本的影像功能，而是十分注重诸如纹饰等全面的装饰性效果；从题材上看，除了鸟兽纹、花卉几何纹之外，一些连续的大型故事题材也被搬上铜镜，如人们能够耳熟能详的人物故事，如"伍子胥""西王母"的故事等；秦汉至南北朝时期纹饰从布局上看，以繁缛为主，显著特征是填满，层次分明，主辅纹清楚，鉴定时应注意分辨。

5. 从出土位置上鉴定

秦汉至南北朝时期铜镜出土位置大多在墓葬中，来看一则实例："铜镜，出于棺内"（荆州市荆州区博物馆《荆州擂鼓台秦墓发掘简报》，《江汉考古》，2003年第3期）。遗址偶有见，这从一个侧面也说明了这一历史时期人们对于随葬的重视，

墓葬出土铜镜 汉代

墓葬出土铜镜 汉代

特别是在汉代有灵论发展到了极致，人们认为人死不过像是搬家一样，从一个世界搬到另外一个世界里去生活，所以，他们将生前使用过的铜镜用来随葬。

6. "日光"和"昭明"铜镜

在西汉时期出现了一种特殊的铜镜，当我们准备好一张白纸，拿着铜镜对准太阳光或者是灯光时，铜镜上的铭文和纹饰就会在白纸之上显现，光透过了铜镜，这就是汉代著名的透光镜，难道铜镜真的透光吗？当然并非如此，实际上这是由曲率造成的，铜镜在胎体上的厚薄不均匀，从而使得背面图案和铭文与镜面对应的曲率而造成的，其实这是一种很自然的光学现象，但古人发现并成功地利用了这种光学

"见日之光，天下大明"铜镜 汉代

"内清以昭明，光象夫日月"铭铜镜 汉代

现象，使这种铜镜在古代成为一种神秘的器具，这应该是汉代人的一种发明创造，透光镜有着极其鲜明的特征，其背部铭文多为"见日之光"或者是"昭明镜"两种，当然看其"铭文"，这与透光镜的功能也是极为相似的，只有见到太阳这种镜子才能反射出其铭文和纹饰，由此可见，在汉代大量存在着的"见日之光"或"昭明镜"等铭文均是来自对这一当时人认为十分神秘的镜子透光原理的现象，但是，令我们十分惊讶的是，当我们拿着许多在此类铜镜试照时却没有透光现象，那么，在这就存在着一个问题，这些大量存在着的日光和昭明镜都是透光镜吗？当然不是，实际上能够透光的日光和昭明镜很少，在上海博物馆的展厅里曾经陈列着一件这样的日光镜，但在整个上海博物馆里这种铜镜也不是很多，看来此种铜镜的制作方法在汉代知道的人也很少，而是被作为一种秘密被存放了起来，只有少数的成品，向人们诉说着铜镜的神奇，于是人们纷纷仿造透光镜的铭文，最终延伸出众多的日光和昭明镜。由上可见，汉代透光镜与刻有"见日之光"或者是"昭明镜"等铭文的铜镜有着深刻的历史渊源关系，透光镜仅见有这两种铭文，而反过来透光镜总是包含在日光和昭明镜之内，是日光和昭明镜中真正能够和铭文所述相对应的一种（姚江波著《中国历代铜镜赏玩》，湖南美术出版社，2006年5月，第1版）。

在汉代"日光"和"昭明"镜较为流行，数量众多，来看一些实例："镜2件。M1：6，小日光镜，圆钮，锈蚀严重，铭文及花纹不太清晰。直径6.6、缘厚0.4厘米。M5：1，昭明镜，桥形钮，圆钮座，座外饰垂幔纹，中区有一圈铭文'内清质以昭明'。直径10.3厘米、缘厚0.5厘米"（银雀山考古发掘队《山东临沂市银雀山的七座西汉墓》，《考古》，1999年5期）。由透光镜的论述我们已知其铭文的来源关系，但从以上两个实例中可以看到"日光"和"昭明"两种铜镜常存在于一个墓葬中，为亲密的伙伴关系；其大小的关系为有大有小，之间的差距还是比较大，由此可见，二者在造型的大小上存在着一定差别。下面再来看一组实例，"2面。铭文镜。半圆钮，连珠纹钮座。内区为八角内连弧纹，钮座与连弧纹之间饰涡纹和条纹，外区为字体方整的汉隶铭文带，外为素宽平缘。M102：31，放在漆奁内，外区铭文带共有铭文三十五字'涷治铅华清而明，以之为镜宜文节，延年益寿辟不羊（祥），与天无极如日光，千秋万岁乐未央'。直径18.5厘米。M102：106，外区铭文带共有铭文三十五字'爱使心（臾）者，（臾）不可尽行，心污结而独愁，明知兆（道）不可处，志所驩（欢），不能已，君忘，忘而先志兮"。直径17.6厘米'（扬州博物馆《江苏邗江县姚庄102号汉墓》，《考古》，2000年4期）。由以上两面铜镜我们可以看到汉代"日光"镜上铭文与纹饰是何等的复杂，连珠纹、八角内连弧纹、涡纹、条纹齐上阵，其铭文更是异常复杂，各有多达35字的铭文，由其内容上看一个是讲的是吉祥语，另外一个是讲人的心境和以物睹人的内容，由此可见，"日光"镜的铭文含意已经深入到了社会生活的方方面面，而不只是最初的"见日之光"的状态了，实际上"昭明"镜也是这样的一种情况，来看一则实例："重圈昭明镜。半球钮，十二连珠钮座，自内而外有两圈铭文。内区铭文：'见日之光，长勿相忘。'外区铭文'如明光而耀美，扶佳都而无间，慷驩察而性宁，志存神而不迁，得并观而不弃，精照作。'直径14厘米"（威海市博物馆《山东威海市蒿泊大天东村西汉墓》，《考古》，1998年2期）。由上可见，此"昭明"镜的铭文和刚才讲过的日光镜铭文十分相似，都是与表相类似的信物，像此类内容的铜镜在当时很有可能是经常被佩戴于身，以起到影像和睹物思人的效果。另外，还有一些昭明镜的铭文较为简单，如"昭明镜。圆钮，圆座，座外饰内向八连弧纹一周，再外为两道辐射纹夹铭纹带一周。素缘。铭文内容为'内清以昭明光象日'，字间以'而'字纹相隔。通体呈灰黑色。直径7.5厘米、缘厚0.35厘米"（黄冈市博物馆《湖北蕲春县陈家大地西汉墓》，《考古》，1999年5期）。由上例可以看到其铭文相当简单，没有很多的文字，只有短短的8个字，由此可见，在汉代"昭明"和"日光"两种铜镜在铭文的长短上可谓是参差不齐，多的可以是少的四五倍。总的来看，汉代"日光"和"昭明"铜镜数量极为丰富，铭文内容大同小异，但其所表达的内容多数具有微小的变化，所以，鉴于这种情况我们在赏玩时一定要多注意参考具有标准器性质的出土器物。下面我们再来看两件实例。

例一，"昭明连弧纹镜1件（M2：32）。宽素缘，半球状钮外有一圈连弧纹，其外围铸铭文'内清明以昭光夫日'八字。直径9.6厘米"（湖南省文物考古研究所、永州市芝山区文物管理所《湖南永州市鹞子岭二号西汉墓》，《考古》，2001年4期）。

例二，"连弧日光镜2件。M3：21，体轻薄，乳钉状纽，圆座，内区有连弧纹一周，中区铭文锈蚀难辨，中区铭文带内外各饰一周芒纹。宽素缘。直径7厘米。另1件铜镜甚残，器壁薄，拱形纽"（怀化地区文物管理处、靖州县文物管理所《霍巍《再论西藏带柄铜镜的有关问题》，《考古》，1997年11期）。

以上两件实例和上面的例子没有太大的区别，但在细微方面的差别可谓到处都是，而我们在鉴赏时就是要抓住这些细微方面的差异，从而找到突破口和切入点，但是，从以上两个实例中我们可以看到有一些铜镜由于时代距离现在过于久远，加之南方地区土质较为湿润等原因从而导致了严重的锈蚀，如例二中的连弧日光镜我们甚至都无法辨识其被锈蚀破坏的文字，但一般情况下铜镜保存得还是比较好。如在北方或者南方地区土质较好的地方，铜锈的问题在赏玩时也应引起我们的注意。另外，"昭明"镜在汉代应该是较为珍贵的铜镜，我们来看一个例子，"昭明镜，圆形，圆钮，圆钮座，素宽缘。座外有一周凸弦纹及一周内向八连弧纹带，连弧间有简单的纹饰。其外两周短斜线纹之间有铭文：'内而清而以而昭而明而光而象夫日月不囗'，字体比较方整。直径11厘米。出土时可看到该镜周围有漆片、朽木及丝织品残痕，应该是用丝织品将铜镜包裹后放入漆木盒中陪葬的"（广西壮族自治区文物工作队、合浦县博物馆《广西合浦县九只岭东汉墓》，《考古》，2003年10期）。由以上可见，这件铜镜是将其包裹好，而且装入精致的盒中随葬，这是目前发现不多的铜镜在盒中保存的实例，这不仅可以使我们看到在汉代人们对于铜镜的保存方式，同时我们也可以看到墓主人对这面铜镜的珍视，此种珍贵主要有两层意思，一是铜镜本身珍贵；二是由铜镜铭文而延伸出的珍贵性（姚江波著《中国历代铜镜赏玩》，湖南美术出版社，2006年5月，第1版）。

7. 从钮部上鉴定

秦汉至南北朝时期铜镜的钮部特征主要以圆钮、半球形钮、半圆钮、大圆钮、桥形钮、三弦纽、较高半圆钮、连峰式钮等等为主，我们随意来看一则实例："铜镜 M177：28，三弦钮"（安徽省文物考古研究所六安市文物管理所《安徽六安市九里沟两座西汉墓》，《考古》，2002年2期）。看来在秦汉至南北朝时期铜镜的钮部造型增加了很多，这说明在造型上细化了。

8. 从铜质和工艺上鉴定

秦汉至南北朝时期铜镜在铜质上较好，汉代青铜镜的合金比例一般比较稳定，"一般铜百分之六十六到百分之七十左右，以百分之六十七到百分之六十九最普遍；锡以百分之二十三到二十四左右最普遍；铅以百分之四到六左右最普遍"（霍巍《再论西藏带柄铜镜的有关问题》，《考古》，1997年11期）。由此可见，铜、锡、铅的比例相当科合理，从而保证了铜镜在质量上的稳定性。在工艺上，铸造技术有了相当大的提高，工艺特别精湛，打磨十分仔细，很厚的铜镜边缘都打磨的十分圆滑。

铜质较好的铜镜 汉代

铜质较好的铜镜 汉代

9. 从功能和铭文上鉴定

秦汉至南北朝时期铜镜基本功能主要是影像，这一点毫无疑问，但在这一主流功能的基础之上装饰性功能突出，这一点从繁复的纹饰之上可以清楚地看到。从铭文上看，我们还可以看到其吉祥寓意的功能，如"大乐贵富，千秋万岁，宜酒食""青龙白虎掌四方，朱雀玄武顺阴阳""见日之光，天下大明""内清昭明光日月"以及"宜子孙""位至三公"和"君宜高官"等，美好的祝愿。

铜镜　汉代

"君宜高官"铭文与草叶、夔凤纹组合铜镜　六朝

10. 从厚薄上鉴定

秦汉至南北朝时期铜镜的厚度比前代有了进一步的增加，但由于这一时期时间跨度大，所以在铜镜的厚度上所表现出来的也是厚薄不一，从总体上看，这一时期铜镜的厚薄程度大约在0.1~0.6厘米左右，在鉴定时应注意分辨。

较厚铜镜　六朝

圆钮铜镜　汉代

略有锈蚀铜镜　汉代

有锈蚀铜镜　汉代

11. 从锈蚀上鉴定

秦汉至南北朝时期的铜镜在锈蚀上情况不一，主要与埋藏地下的环境有关，但由于这一时期铜镜的配比合理，所以即使有铜锈，多数也不会对铜镜造成致命的伤害，薄薄的一层铜锈，待把玩之后，亦可以光亮鉴人，这就是很多人对于这一时期铜镜的感受，个别铜镜锈蚀较为严重。鉴定时注意体会。

另外，这一时期比较著名的铜镜还有众多的乳纹镜，特别是汉代乳纹铜镜从数量和种类上都达到了顶峰，从种类上看，四乳四禽纹镜、五乳仙人镜、四乳虺纹镜、四乳四神镜、七乳四神镜、多乳禽兽镜、四乳神仙禽兽镜、多乳神仙禽兽镜、百乳镜等都常见，乳纹源自青铜器上乳钉纹，只不过变得比较小而已，而乳钉纹实际上在商代青铜器上并不是一种装饰，而

有锈蚀铜镜 汉代

是一种神兽，具有"通天礼地"的功能。而这些元素被充分地应用到了铜镜纹饰之上，如，四乳四虺纹铜镜在汉代十分普遍，让我们来看一件实例："四乳四虺'大山'镜1件（000201）。圆钮，圆钮座。座外四乳丁间饰四虺纹，其外有铭文一周，为'上大山，见神人，食玉英，饮澧泉，驾'，缘饰锯齿纹、双线三角纹。直径11.6厘米、缘厚0.4厘米。1981年台儿庄区涧头集镇南山出土，流行于西汉晚期至东汉早期"（枣庄市博物馆，石敬东、苏昭秀《山东枣庄市博物馆收藏的战国汉代铜镜》，《考古》，2001年7期）。由此可见，神兽虺纹和商代神兽四乳钉纹在这里融汇到了一起，加之铭文"上大山，见神人，食玉英，饮澧泉，驾"的点缀，一种仙境的感觉被成功地塑造了出来，在当时具有相当吉祥的寓意，其他更多乳纹镜不再赘述，在鉴定时应注意体会就可以了。

第四节 隋唐五代铜镜

隋代结束六朝时期混乱的局面，但隋代是一个只有短短36年的王朝，其铜镜的特征主要是延续前朝。唐代是我国封建社会的顶峰，物质文化极为发达，路不拾遗，"贞观之治"和"开元盛世"至今人们耳熟能详，铜镜在这种环境下得到了前所未有的大发展，铜铸镜业达到了一个高潮。而五代时期的铸镜业多是晚唐代风格的延续，处于唐代的巨大的阴影之下。下面就让我们具体来看一看隋唐五代的铜镜及其主要特征。

1. 从造型上鉴定

隋唐五代铜镜的造型主要有，圆形、方形、有柄手形、葵花形、亚字形、菱花形等，来看一则实例："铜镜 M1：1，细长柄"（南京市博物馆、雨花台区文化局《江苏南京市唐家凹明代张云墓》，《考古》，1999年10期）。可见隋唐五代铜镜时期铜镜造型较之前代又有了进一步的发展，在这种大繁荣的背景下人们开始尝试打破传统，如这种带柄镜在过去是不可思议的，但在唐代就已经变成了现实；另外，葵花和菱花也开始大规模地流行，由此可见，在隋唐五代时期铜镜在造型上进入了一个全新的时代，传统不断被突破，鉴定时应注意分辨。

正方形铜镜 唐代

2. 从数量上鉴定

隋唐五代铜镜出土的数量众多，各个墓葬当中都有出土，出土数量多在1~2面，来看一件实例："镜2面"（河北省文物研究所、平山县博物馆《河北平山县西岳村隋唐崔氏墓》，《考古》，2001年2期）。实际上1面的数量更为多一些，但基本上墓葬当中都可以找到铜镜，这样算下来，隋唐五代时期铜镜在总量上相当庞大。

瑞兽葡萄镜　隋唐时期

铜镜　唐代

3. 从出土位置上鉴定

隋唐五代铜镜的出土位置多是在墓葬，大江南北基本上都有出土，一些大的城市，如西安、洛阳、扬州等当时发达的地区出土铜镜的质量要比当时落后地区好得多。遗址出土铜镜的情况有见，但多为偶见。

4. 从大小上鉴定

隋唐五代铜镜的大小从总的趋势上看，应该是以普遍较大为主要特征，出现了一些相当大的铜镜造型，直径为15~25厘米之间的铜镜数量常见，也有较小的铜镜，如7~13厘米左右的铜镜也经常可以看到，由此可见，在隋唐五代时期铜镜的大小比前代是增加了不少，而且这些铜镜的器壁看起来也不是非常的薄，看来唐代铜镜的

有残损铜镜　唐代

工艺精湛较大铜镜　唐代

较小瑞兽葡萄镜　唐代

铸造技术已相当发达。

5. 从厚薄上鉴定

隋唐五代铜镜的厚薄特征向多元化发展，厚薄都有，多在0.2~0.6厘米左右，从数据特征上看厚薄相差很远，但从造型上看也属正常，一般情况下是直径大的铜镜厚一些，而直径小的铜镜则薄一些。

较厚铜镜 唐代

6. 从锈蚀上鉴定

隋唐五代铜镜上的锈蚀一些比较严重，一些较为轻微，这主要与其埋藏环境有关，如南方地区过于潮湿，就容易生锈，有的铜镜出土时简直惨不忍睹，身上到处都是铜锈，但是如黄土高原等埋藏环境好的地区，有些铜镜出土后，只是有一层薄薄的

有铜锈瑞兽葡萄镜 唐代

鸾鸟镜 唐代

"真子飞霜"铜镜 唐代

瑞兽葡萄镜 唐代

锈蚀，把玩一些时日之后光亮如新。

7. 从功能上鉴定

隋唐五代铜镜的功能在功能上是一种加法，随着不同种类铜镜的出现，不断增添着新的功能，如，"真子飞霜"镜的出现，显然又增添了专有随葬明器的功能，一些装饰华丽的铜镜的出现，增添了铜镜艺术品化的特征，具有极强的装饰和把玩的功能，同时礼品的功

较厚铜镜　唐代

能也极具增加，但是在这些功能当中其主要功能还是影像，因为所有的功能应该说都是在影像功能之上而衍生出来的，这一点鉴定时应注意分辨。

8. 从素面上鉴定

隋唐五代素面的铜镜有见，这一时期的素面主要有两种形式，一种是整体素面，就是整个铜镜没有纹饰和铭文，来看一则实例："铜镜 M1：4，素面"（临沂市博物馆邱播、苏建军《山东临沂市药材站发现两座唐墓》，《考古》，2003年9期）。这样的铜镜在素面的铜镜当中有一定的量，处于主体的地位。另外一种情况只是铜镜的一面是素面，而这一面通常都是铜镜的背面，来看一则实例："铜镜 M11：4，镜背素面"（宁波市文物考古研究所《浙江宁波市祖关山冢地的考古调查和发掘》，《考古》，2001年7期）。从发掘整体的情况来看，素面的铜镜有一些，但与整个铜镜总量相比数量非常少，几乎可以忽略不计。

素面铜镜　唐代

圆钮铜镜　唐代

9. 从钮部上鉴定

　　隋唐五代铜镜的钮主要有：圆钮、宝相花钮、弓形钮、龟形钮、桥形钮、扁平圆钮、椭圆拱形纽、蛙形钮、海兽形钮、伏兽形钮等，来看一则实例："铜镜，扁平圆钮"（石从枝《河北邢台市出土一面唐代花枝镜》，《文物春秋》，2001年1月）。由此可见，这一时期铜镜的造型异常繁荣，各种各样的钮出现了，这些钮的造型既继承了传统，同时也有了创新。

10. 从铜质上鉴定

　　隋唐五代铜镜在铜质上比较好，配比合理，工艺水平较高，特别是唐代的铜镜，通常比较大，这样断裂的情况就比较多，不过这从另外一个方面也说明唐代铜镜脆性较大，也就是加入锡的量过大，这样的铜镜容易碎，但是另外一个结果是这样的铜镜也特别的光亮，在锈蚀上也会比较好，一些埋藏环境比较好的铜镜，至今依然是光亮可鉴，来看一则实例："鸾鸟镜M1∶2，光亮可鉴"（青州市文物管理所李光林《山东青州市郑母镇发现一座唐墓》，《考古》，1998年5期）。照出的人影熠熠生辉。

花枝镜　唐代

鸾鸟镜　唐代

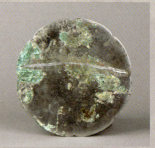

光亮可鉴铜镜　唐代

11. 从做工上鉴定

　　隋唐五代铜镜的做工十分讲究，打磨得尤为仔细，整个铜镜被打磨光滑，镜面也十分的平整，来看一则实例："铜镜M∶5，镜面平整光滑"（曲江县博物馆吴孝斌《广东曲江县发现一座唐墓》，《考古》，2003年10期）。手感润泽，具有把玩性，鉴定时应注意分辨。

面平整铜镜 唐代

桥形钮铜镜 唐代

12. 从铭文上鉴定

隋唐五代铜镜的铭文十分丰富，较为著名的如"真子飞霜"镜，这是一种专有的随葬明器铜镜，但铜镜在制作上相当精致，铸刻铭文"真子飞霜"，表示对于亡人无限的哀思，同时结合画面，画面上会有人、有山、有树、有些飞雪，将凄凉的场面呈现得淋漓尽致，该铭文铜镜在唐代十分常见。当然一般的铜镜之上铭文也很多，再来看一则实例："铜镜M7：6，三重圈区。由钮座向外八出凸棱线将镜面隔成八等分。内八区按逆时针依次镌写'天门、天盗、天官、天阴、天官（官？）、天阳、天财、天贼'。外八区镌写历法时日，有三处铸造有误，如"天财"区下的'二日'当为'三日'，'十六'当为'十九'；'天阴'区下'廿日'当为'卅日'。最外区四圆角饰忍冬绶带"（忻

"真子飞霜"铜镜 唐代

州地区文物管理处《唐秀容县令高徵墓发掘简报》，《文物季刊》，1998年第4期）。由此可见，铭文之丰富程度，十分繁复，而且上面有时会有一些错字，这一时期的铜镜铭文并没有过于严肃和深刻的含义，较为随意，有着浓郁的民间世俗之风，兼具有装饰性的功能，鉴定时应注意分辨。

"真子飞霜"铜镜 唐代

13. 从纹饰上鉴定

隋唐五代铜镜上异常精美，主要有锯齿纹、狩猎纹、鸳鸯、双凤、云纹、乳丁、飞鸟、瑞兽葡萄、月宫仙人、人物故事、忍冬、打马球纹、花瓣、禽鸟、蔓草、联珠纹、花枝、生肖纹、析枝、真子飞霜、瑞兽葡萄、团花、荷花、龙纹、宝相花、海龙、双鸾衔花枝纹、鸟纹葡萄纹、各种花卉纹等，由此可见，隋唐五代铜镜的纹饰异常精美，真可谓是美不胜收，小动物图案较多，天上飞的、地上跑的、水里游的应有尽有；但唐代纹饰中总的来看还是以花卉纹饰为主要特征，具体地说应该是花鸟虫鱼图案十分丰富，如海兽葡萄纹铜镜在唐代数量就相当庞大。以上铜镜的纹饰大多应为传统纹饰的延续，铜镜以繁复为主要特征，这一点我们从异常繁缛的海兽葡萄镜上可以清楚看到，海兽葡萄镜将繁缛的纹饰

光亮可鉴铜镜 唐代

发展到了顶点，再也不能插入任何的纹饰了，这就是唐代，总是将一种物质发展到极致的状态，但一种物质发展到极致后便是无的状态，在唐代我们发现了一种非常清新的纹饰布局，这就是疏朗，繁复不是唐代铜镜纹饰中唯一的特点，如飞仙镜除了主纹外其他没有辅助的纹饰，留出了大量地空白，类似大量留白的铜镜纹饰特征在唐代越来越多，几乎形成了与繁缛纹饰铜镜相对应的格局，这就是"繁缛与疏朗"的遥相呼应，这也是这一时期铜镜在纹饰上的生动写照。

（1）瑞兽葡萄纹镜

瑞兽葡萄纹铜镜应该是唐代社会最为流行的铜镜了，其纹饰繁缛，种类繁多，数量众多，做工精湛，精美绝伦，是唐代社会不可多得的艺术珍品，下面就让我们来认识几件瑞兽葡萄纹镜。

孔雀瑞兽葡萄镜："圆形，伏兽钮，连珠纹高圈将镜分成内外两区。内区葡萄枝叶实缠绕，葡萄串除几串在钮周围外，其余十几串均匀地缠绕于连珠圈边。枝蔓中有两只孔雀，振翅翘尾，尾部覆羽十分华丽。六只不同形态的瑞兽分兽钮首尾两侧。外区面积较宽，满饰叶实累累的葡萄枝蔓，五鹊鸟、六瑞兽、二蜻蜓及二蝶置于其中。花叶纹缘"（孙祥星、刘一曼《中国铜镜图典》，文物出版社，1992年第1版）。

桥形钮铜镜 唐代

五瑞兽葡萄镜："1974年拣选于合涧镇小屯供销社废品收购站。直径13厘米。伏兽钮，一周突棱将镜背分为两区。内区有五串葡萄，枝叶缠绕，果实饱满。五瑞兽或俯或仰，有的作奔跑状，有的侧身攀援于枝蔓丛中。外区葡萄串交错排列，五只或飞翔或栖定的禽鸟环绕其间。云纹缘"（林州市文物管理所张增午《河南林州市出土古代铜镜》，《考古》，1997年7期）。

由以上两件瑞兽葡萄纹铜镜可以看到，唐代葡萄纹铜镜上的纹饰繁多，并不只是瑞兽和葡萄两种，仅以上两件铜镜上就有孔雀、葡萄、瑞兽、连珠纹、五喜鹊、二蜻蜓、蝴蝶和一些不知名的禽鸟。从以上两件铜镜中可以看到瑞兽葡萄纹铜镜上的纹饰题材极为丰富，但这还远不是全部，在我们发掘出土的此类铜镜上还发现有蜜蜂、云纹等，而且各种鸟类的种类和数量也有一些区别，不过唐代瑞兽葡萄纹铜镜上的纹饰题材基本上都是在禽鸟和瑞兽上

光亮可鉴铜镜 唐代

做文章，其他涉及很少，由此可见，瑞兽葡萄纹铜镜在题材方面既不拘一格又严格限制，其目的显然是为了让人们看到一个既枝叶繁茂、果实累累、禽鸟走兽乐在其中的场景，瑞兽葡萄镜又是动态的，铜镜中的花鸟本身是不会动的，而唯一能动的就是不断地更换题材，创作者恰恰利用了这一点，通过不断地更换飞禽走兽的题材，使得瑞兽葡萄镜变得生动起来，本书认为，这也应是唐人制作此类铜镜的初衷。

葡萄纹。葡萄纹是瑞兽葡萄镜中必有纹饰，看来唐人对葡萄的认识已经十分深刻，至少应该具有相当的普遍性，所以才会将其刻画在铜镜之上，使其成为主纹的一种，唐人一定对葡萄枝叶的繁茂有着深刻的记忆，所以在铜镜之上将葡萄的枝叶做得很肥厚，使人想起郁郁葱葱的葡萄园，另外，唐人对丰收的葡萄记忆也一定是深刻的，所以在肥硕的枝叶之间挂上了一串串累累的硕果，这些果实纵横交错，若隐若现，看起来非常有意境，当然这些葡萄有多少串我们是可以数出来的，少的有几串，多

瑞兽葡萄镜 唐代

瑞兽葡萄镜 唐代

得十几串，本书之意是，虽然不论有多少串的葡萄我们都能数出了，但唐代瑞兽葡萄纹镜所要表达的似乎并不是这几串葡萄，而是要通过这几串葡萄和枝叶向我们展示一个硕果累累的葡萄园，由此可见唐代制镜技术水平之高超，实际上这是"以小见大"园林式的创作手法，如同我们现在看到的上海豫园一样，身处上海的闹市区，其实面积很小，但是当我们进入之后，小桥流水，曲径幽深，

瑞兽葡萄纹铜镜 唐代

山石叠嶂，门径繁多，仿佛进入了一个偌大的世外桃源；一个开着的窗户，使我们感到好似窗外还有偌大的世界，但实际上外面什么都没有了，这就是以小见大的园林典范之作，而唐代葡萄纹铜镜上所使用的方法与此如出一辙，以铜镜之上的方寸之地表现出一个偌大的葡萄园在丰收季节的盛景。另外，唐代还有一些专门的葡萄镜，上面没有其他的瑞兽，而只有葡萄，这应为表现葡萄园景色的最高境界，这种铜镜在唐代数量不是很多。

瑞兽纹。瑞兽纹和葡萄纹一样为此类铜镜上所必有的纹饰，从铜镜上看瑞兽的形象实际上大同小异，但可以肯定的是世界上应该没有完全和铜镜上所刻画瑞兽一样的动物，所以此种瑞兽形象应为虚构，但任何虚构的形象必定来源于现实，从现实中的情况来看，此类兽应该不为陆地上的动物，看起来应该是一种海兽的形象，可能为多种海兽的结合体，而且形象较为固定，由此可见，唐人已经对海洋和海洋中的生活的关注是多么深刻，并将其想象成为一种瑞兽，从铜镜上看这些瑞兽的形象十分亲切，亲切到和葡萄缠绕在一起，与喜鹊、孔雀、蝴蝶、蜜蜂、鸟类在一起嬉戏，只不过它是海洋中的生物，这可能与唐代社会人们已经与海洋打交道的缘故，在距离海洋较近的地方出现了许多大型的城市，如，扬州在当时就是南方地区较大的城市，而且是一个港口性质的城市，各国商人云集之地，许多大宗的货物也是通

杂项

兽钮铜镜 唐代

过海运,其地位基本上相当于我们现在的上海,正是这一切促使了人们对于海洋的好奇,急于了解海洋,而在此社会背景下海兽葡萄纹铜镜便流行了起来,但海兽为什么和陆地上一些吉祥的动植物在一起,也就是说为什么是一种瑞兽呢?这除了上面所说的之外,还得益于传统的影响,从秦始皇开始帝王就相信并开始付诸行动到海上寻找仙丹,蓬莱仙岛,这种美好的传说直到唐代依然流行,而且似乎达到了高潮,这可能与唐代统治者笃信道教也有关系,让我们来看一次发掘,发掘报告这样描述:"2000年曾在这里发掘过一条探沟,初步了解到蓬莱

瑞兽葡萄镜 唐代

保存完好的瑞兽葡萄镜 唐代

岛南面池内的地层堆积等情况。这次发掘的主要目的是弄清蓬莱岛南岸的结构和上面的建筑等情况(中国社会科学院考古研究所、日本独立行政法人文化财研究所、奈良文化财研究所联合考古队《唐长安城大明宫太液池遗址考古新收获》,《考古》,2003年11期)"。这段文字是在讲什么?难道世界之上真的有蓬莱仙岛吗?回答当然是没有,但是这个岛屿所在的位置确是不同寻常,这是在唐代大明宫遗址之上发掘,看来在唐代大明宫之内统治者根据传说建造了"蓬莱仙岛""太液池"等仙界,由此可见,在唐代人们对于仙界的崇拜,以及延伸而去的对于海洋的崇拜,而正是这种张扬的崇拜催生了瑞兽葡萄镜的产生。

(2)花卉镜

唐代花卉镜种类繁多,数量众多,为各个朝代所罕见,整个唐代花卉纹铜镜如同是一个花的海洋,繁花似锦,让我们共同来看一看唐代花卉纹铜镜。

从花枝镜上鉴定,花枝镜在唐代大量存在,来看一则实例:"双犀花枝镜 唐。1974年河顺乡庞村出土,直径22.4厘米。八弧葵花形,圆钮。钮两侧各立一犀。双犀体态丰腴,额顶及鼻上各生一角,两耳后竖,四蹄足,前腿直立,后腿微曲。长尾下垂。全身满布圆圈纹。钮上方竹林丛生,围以雕花栏杆。竹林两侧各有一枝花叶,花叶上又各有一小鸟和蜂蝶。钮下水波荡漾,池边花枝摇曳,蜂蝶飞舞,两侧各一株花枝"(林州市文物管理所张增午《河南林州市出土古代铜镜》,《考古》,1997年7期)。这件花枝镜较为复杂,

宝相花镜 唐代

线条流畅花卉纹铜镜 唐代

多出了两个犀牛，形成了花下犀牛的场景，在犀牛的上部有枝花，花叶之上有小鸟和蜂蝶环绕，在另一处还有一谭深水，水波荡漾，池边也是花枝摇曳，蜂蝶飞舞，而在其两侧也是各自安放了一枝花，看以上镜中景色我们仿佛置身于公园之中游玩，描述的显然就是唐代美丽的春色。看来以小见大的手法又一次在花枝镜上重现了，一枝花所要传递给我们的信息实际上是千万枝花，是一个花季的到来，在春暖花开之后蜜蜂和蝴蝶也来当空舞，犀牛也悠闲自在，小鸟在和蜂蝶嬉戏。实际上铜镜所要向我们表达的是一种场景，一个季节，一个美的画面，而不是一枝花的问题，但是花必须是一枝花，因为在方寸面积的铜镜之上要表现出如此众多的信息，真的是位置有限，所以要用一枝花的形式向人们传递信息，但或许有的人会提出疑问，难道用一个完整的花来表示不行吗？回答是肯定的，完全可以，但完整的花可能没有一枝花的效果好，因为它太具体了，而要想使人们在方寸之间窥于千里之外的景色，具体是做不到的，能够做到的只能有抽象，是人的思绪，所以，越不具体的越能使人的思维产生飞跃，而具体只能限制人的思维，其实这些道理都是这件铜镜所告诉我们的，因为如果在这件铜镜之上画了十株花，人们的思维同样也会有所想象，但限制就太大了，基本都限制到这十株花上面了，恐怕我们会认为铜镜所要向我们

花卉纹铜镜　唐代

花枝镜　唐代

花枝铜镜　唐代

传达的信息可能只是一个小花园里的事情而已。在这面铜镜的花纹中犀牛、蜜蜂、蝴蝶、小鸟都不是主纹,虽然它们刻画在最显眼的位置之上,但是它们没有一个是主纹,而且相互之间也不存在衬托的关系,反过来都是一种辅助纹饰,因为小鸟、蝴蝶、蜜蜂所要衬托的都应是花枝纹,因此可以确定这三种小动物都应是作为衬托花枝的辅纹,而花枝与犀牛之间又没有必然的联系,所以基本上可以确定花枝纹就是主纹。我们再来看一些花枝镜:"八花枝镜唐。1983年征集,直径28厘米。八弧葵花形,圆钮。钮外小花枝围绕成圈,圈外一周连珠纹。连珠纹外环绕花枝八株。一种枝叶中有重瓣花,枝头有三朵花,一种几朵花开在枝叶上。素缘"(林州市文物管理所张增午《河南林州市出土古代铜镜》,《考古》,1997年7期)。由这件铜镜我们可以看到花枝纹的数量不是很固定,如,这个例子中就有八枝花,该镜为较纯正的花枝镜,因为整个镜子上除了花枝纹外只有一种辅纹,八枝花纹在一些连珠纹的衬托下竞相绽放,花枝以不同的花瓣大小和位置表示绽放的程度,有的是盛开,有的则是含苞未放。以上就是唐代著名的花枝镜。

由以上可以看到唐代花枝镜基本可分为两大类:

镜纹不是只有花枝一种,而是由小鸟、蜜蜂、蝴蝶、犀牛、竹林等共同组成,但主要以花枝为主,其他纹饰为辅。

镜纹主要有花枝纹组成,其他的辅助纹饰很少。

而本书以上所列举的实例实际上就是这两种情况,一种是辅纹较多的情况,而另一种则是辅纹较少,其他众多的花枝镜则处于这两种情况之间,我们在赏玩时应注意分辨。

从花朵镜上鉴定,花朵镜是一种经过特殊处理的纹饰图案,实际上就是将写实的花朵进行抽象化地表述,但也没有过分地抽象,或者只能称为是一种简

花枝镜 唐代

花枝镜 唐代

花枝镜 唐代

单的抽象艺术，对立体的花朵进行平面化处理，这种经过处理的花朵纹镜子常常也称为宝相花镜。该类型铜镜在唐代很普遍，来看一则实例："此铜镜直径13.4厘米、厚1.2厘米。外缘高直棱边，以双凸线圆圈为间隔，缘间饰三角锯齿状。主体纹饰分内外两区，内区饰四朵宝相花，外区则为葡萄连枝纹，钮为鼻钮。从铜镜的形制及纹饰特点看，该铜镜应属唐代早期的器物"（广西永福县文管所万荣《广西永福县南雄村出土唐代铜镜》，《考古》，1999年2期）。看来早在唐代早期宝相花镜就已十分流行，和其他铜镜一起共同组成图案，从该例中可以看到共有四种纹饰组成，分别为双凸线圆圈纹、三角锯齿状纹、宝相花纹、葡萄连枝纹等，这四种纹饰中宝相花应为主纹，一个是宝相花所处的位置较为显著，另一个较重要的原因就是只有宝相花是经过抽象化平面处理的，而其他的纹饰显然未经过此种处理。另外，我们还发现有许多宝相花镜上没有其他更多的辅助纹饰，而完全是由宝相花组成。

宝相花镜 唐代

另外唐代还有许多花纹镜，就不再一一介绍了，总之唐代铜镜的纹饰主要以花鸟鱼虫纹为主，兽纹变得越来越少。

(3) 鸾鸟镜

鸾鸟镜也是唐代铜镜中数量较多的一种，该种铜镜的纹饰较为疏朗，鸾鸟多作飞翔状，来看几件实例："双鸾方胜千秋镜。1980年姚村镇上陶村出土，直径23厘米。八弧葵花形，圆钮。钮左右各站立一鸾鸟，双鸾头有花冠，展翅翘尾，一脚独立，一脚踏于云头上。钮上为两团扇形叶托着盛开的花瓣，瓣下垂着方胜形纹，中有一'千'字。钮下为荷叶花瓣，下垂方胜中有一'秋'字。镜缘有方胜纹四组，为菱形与四叶形或与方形迭合。其间有禽鸟四只，两只长颈短尾，口衔叶片，另两只长尾不衔物。素窄缘"（林州市文物管理所张增午《河南林州市出土古代铜镜》，《考古》，1997年7期）。由这件铜镜可以看到鸾鸟极具神秘主义色彩，一脚独立，一脚立于云头之上，而且铜镜之上的双鸾明显不是一般的鸟，而是神鸟，但此时的神鸟已经不像是礼器时代的凤鸟纹那样神秘，深不可测，而是极具美感，具有强烈的生活化气息和装饰性特征。另外，还有用铭文和其他纹饰来解释和说明双鸾特征，其间有四只禽鸟，显然禽鸟的地位从历史上看就不如鸾鸟，所以应为辅助纹饰，总的来看此镜除了鸾鸟之外还有其他一些纹饰，但总体上还是显得十分疏朗，有大片的留白，这应有其相当的用意，可能是为了写实的需要，因为在现实生活中鸟总是在天空中孤独地飞行，而这一点在铜镜之上得到了体现，除了鸾鸟外大量地留出了空间，所以鸾鸟镜多为写实与写意并举，而究竟什么地方写实和写意，从该镜上看基

宝相花镜　唐代

鸾鸟镜　唐代

鸾鸟镜　唐代

本无定式，显然是需要我们在具体的赏玩中慢慢体会。下面再来看两件实例：

双鸾葵花镜，为八出葵花形，圆钮。钮左右各立有一鸾鸟，曲颈相对，振翅翘尾作起舞状，钮上下为花卉图案，由枝、叶、蕾构成，看似荷花。边缘配置如意状云纹。直径12.4厘米（浙江省文物考古研究所《杭州雷峰塔地宫的清理》，《考古》，2002年7期）。

鸾鸟镜（ZM1∶2），八瓣葵花形，呈铅灰色，光亮可鉴。镜背中心为圆钮，钮外饰一高浮雕鸾鸟，回首展翅翘尾，单足站立，绶带上飘。鸾鸟头侧及双足两侧各有一朵高浮雕瑞云。镜内缘环饰8朵高浮雕瑞云。外缘素面，呈宽平的连弧形。直径21.3厘米、缘厚0.6厘米，重1350克（青州市文物管理所，李光林《山东青州市郑母镇发现一座唐墓》，《考古》，1998年5期）。

鸾鸟镜　唐代

鸾鸟镜　唐代

从这两件实例中，可以看到这两件实例与上例铜镜有较大区别，其不同之处在于这两件都是较为纯正的鸾鸟镜，辅纹不多，特别是有生命的、主要的辅助纹饰基本上都没有，有的只是脚端的浮云，但从这两件实例看，其取胜之处不在于辅纹，而主要在于鸾鸟自身有生命的动作展示，如鸾鸟曲颈相对，在天上做舞蹈状等，看来该铜镜主要是以自身的气质取胜，另外也有一些简单的辅助纹饰，如荷花和如意云头纹等，看起来十分祥瑞，所留白的空间更大，仿佛一个很大的场景，突然用特写的方式将镜头放大和固定到了鸾鸟之上，用这样的方式使我们从中获得美感。

鸾鸟镜在唐代很多，做工也异常精美，可谓是精工细琢，造型隽永、雕刻凝烁，可能是由于所需要留白的空间特别大，以及需要对鸾鸟进行特写，故将铜镜做得特别大，一般情况下都在20厘米以上，再者唐代铜镜中由于普遍加入了一些锡的成分，所以显得出的颜色多为银白或银灰色，加之浮雕的鸾鸟纹，真可谓是美轮美奂，为不可多得的艺术精品。其实唐代很多精美的铜镜在功能上也不是很强大，而多是变成了精美的艺术品。

鸾鸟镜 唐代

鸾鸟镜 唐代

14. 从色彩上鉴定

隋唐五代铜镜在色彩上由于铜质的配比锡多一些，所以表现出了与其他各个时代不同的镜面色彩特点，这个色彩指的是剥离了铜锈之后所显现出的镜面色彩，来看一则实例："铜镜 M6：3，器表银白"（湖北省文物考古研究所《湖北襄阳尚心与八亩坡墓地发掘简报》，《江汉考古》2001 年第 1 期）。再来看一面不同地区的铜镜："铜镜 M7：6，镜面银白色"（忻州地区文物管理处《唐秀容县令高徽墓发掘简报》，《文物季刊》，1998 年第 4 期）。由此可见，银白色是隋唐五代铜镜最本质的色彩，这一点从河南三门峡博物馆等诸多博物馆出土铜镜也可以看得很清楚，毋庸置疑。但隋唐五代铜镜在色彩上也是复杂的，实践证明并非所有铜镜的配比都是主流的银白色，也有其他的颜色，我们来看"铜镜 M：5，镜呈银灰色"（曲江县博物馆，吴孝斌《广东曲江县发现一座唐墓》，《考古》，2003 年 10 期）。由此可见，在色彩上这件铜镜就偏向了银灰色；也有呈现出铅灰色的色彩，"鸾鸟镜 ZM1：2，呈铅灰色"（青州市文物管理所，李光林《山东青州市郑母镇发现一座唐墓》，《考古》，1998 年 5 期）。看来隋唐五代铜镜在色彩上主色调是银白色，但是随着配比的不同，有时也会偏向银灰色、甚至是铅灰色等相近色彩，鉴定时应注意分辨。

第五节 宋元铜镜

五代之后，中国又进入了一个分裂，多个政权对峙的时代，先后出现了辽和北宋政权对峙、金和辽、宋、西夏政权、南宋和金、西夏政权对峙，最后这些对峙政权被蒙古军队消灭，元代重新统一了中国，在这样一个多个政权对峙的时代，互伐与贫困始终笼罩在这个时代的上空，这种局面对于物质文化的发展产生了极其深远的影响，在这几个政权中以宋的经济和物质文化最为发达，宋代的铜镜制造业相当发达，产生了许多新的造型，纹饰和装饰手法也在唐代的基础之上继续发展，看来铜镜作为日常生活中的用具并未受到唐代坠落的影响，反而是发展了，而其他几个政权的铜镜铸造则多与宋相似，从考古发掘的情况来看，一些铜镜可能就是来自于宋，当然也有自己铸造的铜镜，这些铜镜在仿宋和延续唐代的基础之上又有一些鲜明的时代和民族性特征，所以这一时期的铜镜都有着自己鲜明的时代特征，在铜镜铸造史上写下了浓重的一笔，只是到了元代由于蒙古族受历史地理条件的限制，生产力水平和文化水平还处于相对落后的阶段，统治方法也极为落后，因此手工业的发展受到抑制，铜镜的发展受到了很大限制，所以元代铜镜从工艺上也坠落了下来，没能从根本上继承和发展辽宋时期的铜镜铸造业水平，之后中国的铜镜铸造业一蹶不振，再也没有能够发展起来（姚江波著《中国古代钱币赏玩》，湖南美术出版社，2006年5月，第1版）。下面让我们具体来看这个时期铜镜及主要特征。

1. 从造型上鉴定

宋元铜镜的造型主要有圆形、扇形、八角形、正方形、长方形、椭圆形、不规则形、有柄手形、炉形、葵花形、鼎形、亚字形、菱花形、桃叶形、叶形镜等，从这些造型上看，宋元时期的铜镜造型种类相当丰富，在以前造型的基础之上进一步发展，可以看到出现了许多以前从未有过的新造型，如桃叶形和叶子造型的铜镜等，另外，还出现了一些鼎形和炉形的铜镜，当然还有相当多不规则形状的造型，这些

有柄铜镜 宋代

圆形铜镜 宋代

造型的出现反映了这一时期铜镜造型进一步向繁荣发展的趋势,而我们在看到造型繁荣的同时,也应该能够看到这一时期铜镜造型的繁荣并没能开创许多造型的历史先河,这是因为铜镜的造型从一开始在新石器时代就已经达到了近乎合理的圆形,当然这个标准是与它主要是影像功能相对应的,所以在这个功能没有消失或是依然强大之前,铜镜的造型不会偏离其基本的造型圆形很远,而在宋元时期虽然铜镜有了一些其他的功能,但这些功能都还不能强大到能够代替铜镜影像功能的程度,所以,这一时期在铜镜主要功能没有改变的情况下,铜镜的主要造型应该依然是圆形,的确如此,宋元时期的铜镜中新产生的造型没有能够走得太远,可以说相当短暂,也仅仅是限于这个时期之内,其他时代很少见到(姚江波著《中国古代钱币赏玩》,湖南美术出版社,2006年5月,第1版)。下面让我们具体来看这个时期铜镜及主要特征。辽金和西夏及元代基本是以宋代铜镜的造型为显著特征,只是没有宋代铜镜的造型丰富而已,像辽金西夏的很多铜镜本身就是宋镜,元代只是在造型极具减少,但本质特征并没有改变,不再过多赘述。

2. 从数量上鉴定

宋元铜镜在出土数量上较之唐代有了一些变化,出土数量有增多的情况,来看一则实例:"铜镜3枚"(镇江博物馆《丹徒左湖南宋岳超墓发掘简报》,《东南文化》,2004年第1期)。这显然比隋唐五代时期有所增多,也有出土4~5件铜镜的墓葬,但通常情况下都是1~2件,但是我们不要看这个微小的数字变化,这说明这一时期铜镜在总量上泛滥，以至于人们会在墓葬中随葬更多的铜镜，这主要与此时政府控制铜镜铸造业有关，私人不许铸镜，那么政府铸镜可以规模化生产，这样必定降低铜镜的成本，在成本降低的情况下铜镜的数量自然也就多了起来，一个人甚至可以拥有几面，但是宋元铜镜墓葬出土显然还是以1件为多，这一点辽金时期基本上也是这样。

圆形铜镜 宋代

3. 从素面上鉴定

宋元铜镜中素面者有见，但在数量上不占主流地位，宋元铜镜主要还是以纹饰取胜，具有装饰性功能，但素面镜不可避免，主要是销售给一些穷人，特别是在当时一些不发达的地区这种情况会增多，来看一则实例："素面铜镜，钮眼磨损严重"（内蒙古文物考古研究所、赤峰市博物馆巴林左旗博物馆《白音罕山辽代韩氏家族墓地发掘报告》，《内蒙古文物考古》，2002年第2期）。金代素面镜也偶有见，这都很正常，通常情况下素面镜在做工上比较程式化，特征并不是很明显。这些在鉴赏时应注意分辨。

素面铜镜 宋代

4. 从钮部上鉴定

宋元铜镜的钮部造型主要有，圆形钮、小环钮、银锭钮、半圆形钮、龟形钮、桥形钮、扁平圆钮、椭圆拱形纽等，来看一则实例：铜镜M1：3，桥形钮"（孝感市博物馆熊卜发，陈明芳《湖北孝感市徐家坟宋墓的清理》，《考古》，2001年3期）。由此可见，这一时期的铜镜钮的造型依然十分丰富，

圆形铜镜 宋代

但大多为前代的延续，创新并不多。另外，有的铜镜钮部常常会有磨损痕迹，来看一则实例：钮眼"铜镜，钮眼磨损严重"（丁勇《内蒙古博物馆征集到三面宋辽时期铜镜》，《内蒙古文物考古》，1990年4期）。实际上这是一个很重要的鉴定要点，因为这种磨损痕迹不是一日两日之可以作伪的。

5. 从铜质上鉴定

宋元铜镜在铜质上与唐代相比有一些变化，首先是铜、锡、铅的比例发生了一些变化，锡的含量不再像唐代那样高，所以其铜镜看起来不会像唐代那样光亮，辽金主要仿宋，其中在辽早期之时有一些铜镜与唐镜还是比较相似，或者就是唐镜，这样的镜子在鉴定时应注意区别开来。元代铜镜在铜质上与宋代基本相似，没有过于复杂的变化，铜质在配比上比较稳定。

6. 从工艺上鉴定

宋元铜镜在工艺上十分讲究，做工精细，宋代铜镜打磨得尤为仔细，辽金在铜镜的打磨上也比较认真，但质量上整体比宋代粗一些，元代和辽金基本相似。

完好带柄铜镜 宋代

7. 从功能上鉴定

宋元铜镜在功能上没有过于复杂化的特征，其特征主要是延续唐代，当然影响是其最基本的功能，另外，装饰、礼品等的功能也都有，但是宋元铜镜、包括辽金西夏等铜镜在功能上肯定较之隋唐五代时期是作减法的，较为典型的例子如"真子飞霜"镜等专有的明器镜基本不见了，一般随葬都是实用器皿下葬，因为铜镜在这些时代已不是什么贵重的物品了，只是人们日常生活当中一种最为普通的用品。

花卉纹铜镜　宋代

8. 从铭文上鉴定

宋元铜镜上的铭文相当丰富，常见的主要有，以产地、名称为特征的铭文，如"衢州徐卸五叔青铜照子（衢州市博物馆，张云土《浙江"衢州徐卸五叔青铜照子"铭文镜》，《考古》，1997年5期）。同时也有许多仿汉唐镜上的铭文，如，"宜子孙"铭就常见，这显然是仿汉镜，实际上这也不是仿汉代铜镜的铭文，因为，在汉代铜镜上也很少见到此类铭文，而"宜子孙"铭文多是在汉代的绿釉陶器上，这说明这一时期铜镜上的铭文多仿的是汉意，而不是一味地复制汉镜上的铭文。另外，这一时期的湖州镜较多，如"湖州□□□□""湖州□□家□□照子""湖州□□□□□照子"等常见，由此可见，这一时期铸镜业发达程度，湖州已经成为全国的制镜中心，在其他地方也形成了一些类似湖州的小的制镜中心。另外，我们还经常可以见到许多用少数民族文字书写而成的铭文，如"连进三元""寿长福德"等，多为契丹文书写（姚江波著《中国古代钱币赏玩》，湖南美术出版社，2006年5月，第1版）。

圆形铜镜　宋代

9. 从纹饰上鉴定

宋元铜镜的纹饰主要有，缠枝的花卉以及花鸟纹饰、神仙、人物故事、海兽葡萄纹、四神镜、双鱼、佛教人物、八卦、龙、凤、蜻蜓、钱纹、连珠纹、仙鹤、云纹、凤纹、海波纹、绳纹等。从纹饰上看，该时期的纹饰种类也是异常丰富，在继承前代的基础之上又有新的发展，层次分明，但新增加的纹饰不是很多，纹饰的变化，以及铜铭文对应的程度等也不及隋唐五代时期，特别是辽、金、元更是这样，许多纹饰就是杂合在一起，我们再来看则实例："铜镜1件（M2∶1）。体薄质轻，桥形小钮。以钮为中心，向外放出相互叠压的叶瓣构成菊花形钮座，宽素缘，沿亚字形边缘围以亚字形连珠带。主体纹样为双凤展翅环绕，头饰花冠，隔钮相对，尾部隐于花中。用浅细浮雕法处理，图纹纤细清新、描绘逼真。直径12.9厘米、缘厚0.2厘米，重197克"（河北省文物研究所《河北平山县两岔宋墓》，《考古》，2000年3期）。由此器物的纹饰我们可以看到，纹饰铺的不是很密集，同时也不是很疏朗，而是介于之间，这是宋元时期铜镜纹饰的主要特征。另外，在宋元时期铜镜上的图案还多仿汉唐镜，如海兽葡萄纹镜

花卉纹铜镜 宋代

海兽葡萄纹铜镜 宋代

等，在鉴定时应引起注意。再者就是一些新的饰纹方式常常出现，再来看一则实例："浅浮雕铜镜，2面"（云南省文物考古研究所、红河州文物管理所、泸西县文化馆《云南泸西县和尚塔火葬墓的清理》，《考古》，2001年12期）。这种浅浮雕的方式在宋代还不是很多，辽金时期也是这样，但是到了元代逐渐多起来，后来成为明清纹饰的一个主流。

纹饰层次分明的铜镜 宋代

10. 从出土位置上鉴定

宋元铜镜在出土位置上特征明确，主流还是墓葬。通常墓葬中都会出土铜镜，但是随着时间的推移，特别是像元代，距离今天的时间在历史长河中不算远，存在一些传世的铜镜，遗址之上出现的可能性增加很多。来看一则实例："铜镜，1994年11月21日，合肥地区一农民在家掘土时发现一面元代铜镜，镜缘略残"（合肥市红星钟表实业公司，柯昌建《安徽合肥市发现一面元代铜镜》，《考古》，1999年11期）。像这样的例子全国各地都有，呈散点式分布于各地，没有听说那一个地方出土铜镜较多，或者是集中出土的现象。总之，在出土位置上宋元时期逐渐由单一化向多元化发展。

银锭钮铜镜 宋代

11. 从大小上鉴定

宋元时期铜在大小上的特征比较复杂,可以说很难有规律可循,因为铜镜的种类真是太多了,不同国家、不同地区、不同时间段铸造的铜镜,通过市场交流混合在一起,自然是看起来很混乱,似乎是没有规律可循,但通常情况下铜镜直径多在7~12厘米,这样的尺寸比较适合人们实用,如果说波动大小,显然应该是宋代波动最小,辽金由于仿宋,所以波动也不大,元代在尺寸上波动略大一些,来看一则实例:"铜镜,直径22.6厘米"(合肥市红星钟表实业公司,柯昌建《安徽合肥市发现一面元代铜镜》,《考古》,1999年11期)。可见这件元代铜镜尺寸是比较大的,再来看一件:"铜镜M21:11,直径5.4厘米"(内蒙古文物考古研究所、锡林郭勒盟文物管理站、多伦县文物管理所《元上都城南砧子山南区墓葬发掘报告》,《内蒙古文物考古》,1990年4期)。由此可见元代铜镜在大小上区别的确较大,可以相差几倍,但这种极大和极小的情况不是很多,在鉴定时应注意分辨。

较大铜镜 宋代

第六节 明清铜镜

明清铜镜主要是延续前代，仿汉唐，也仿宋，但似乎都不得意，铜镜发展似乎失去了合适的土壤和气氛，但有一点是可以肯定的，就是铜镜在明清时期依然是人们日常生活当中不可或缺的照镜子的工具，而也正是这一功能的需要，铜镜还是批量化地生产，但多为程式化的产品，缺乏生气，而没有新意。下面来具体看一下明清时期的铜镜的主要特征。

1. 从造型上鉴定

明清铜镜的造型主要有，圆形、方形、圆形带柄、葵花形等，我们来看一则实例："铜镜M3∶12，圆形"（南京市博物馆《南京市东善桥明清墓地发掘简报》，《南方文物》，1999年第4期）。这一时期的铜镜在造型上似乎固定化的趋势已经来临，大多数的铜镜都是圆形，其他造型的铜镜不占主流，而且数量少到了一定程度，基本上成为了点缀。

圆形铜镜　明代

2. 从数量上鉴定

明清铜镜在数量上比较庞大，由于是人们映像的工具，家家户户都需要使用，所以在数量上相当庞大，许多藏家手中都有明清时期的铜镜，但是多以传世品为主，墓葬和遗址出土的情况有见，但数量远不及传世的多，这一点在鉴定时应注意分辨。

铜镜　明代

3. 从素面上鉴定

明清时期素面铜镜较多，我们发现有相当多的铜镜都是素面，有的即使有纹饰也多是几周和造型结合在一起的弦纹，实际上这和没有纹饰差不多，来看一则实例："铜镜 Mz：2，素面无纹饰"（南京市博物馆《南京市东善桥明清墓地发掘简报》，《南方文物》，1999年第4期）。明清时期铜镜的这一表现显然契合了铜镜已经完全变为人们日常生活当中最一般的生活用品，只注重实用的功能，装饰品等诸多的功能在明清时期尽失，当然这也是这种万年之久的器物极具衰落的表现。

4. 从钮部上鉴定

明清铜镜的钮部特征主要有，圆钮、银锭钮、山形钮、半球形圆钮、扁圆钮等，由上可见，以上这些铜镜的钮部具有鲜明的时代特征，如明代银锭开始非常普遍的使用，而恰恰就是在这个时候铜镜上的钮开始普遍使用，这应该不是一种巧合，而是时代特征，但从整体上来看明清两代铜镜的钮部特征应还是以圆钮为主要特征，或是圆钮的变形体，其他的钮部造型有见，但数量很少，不占主流地位。

圆钮铜镜 明代

5. 从铜质上鉴定

明清铜镜在铜质上基本还可以，延续前代的传统，但是与汉唐铜镜的盛世没法比较，程式化的烙印非常严重，铜质谈不上好，但也挑不出很多毛病，这就是明清铜镜在铜质上给人的矛盾感觉，再者铜质铜、锡、铅的

杂宝镜 明代

配比上，同唐代几乎快反过来了，铜的比例过大，铅、锡的比例有时相对少，所以明清时期铜镜的一大特点就是结实，明清时期的铜镜很少听说断掉，有也是受到了很大外力才造成的。

6. 从做工上鉴定

明清铜镜在做工上特征明确，程式化的痕迹比较明显，铜镜在做工上变化很少，打磨仔细，表面光滑，但工艺谈不上精湛，铜镜的表面基本也都能达到水平的样子，但这个水平是视觉意义上的，偶见有打磨不仔细，粗糙的铜镜，但这绝不是主流。

菱花铜镜　明代

7. 从铭文上鉴定

明清两代铜镜上铭文主要有，"三元及第""五子登科""天仙送子""乐善好施""状元及第""长命富贵""一团和气""厚德荣贵""厚德荣归""龙凤呈祥""金玉满堂""百寿团圆""早生贵子""福山寿海"等，来看一则实例：

铜镜 M3∶11，饰"三元及第"四字吉语（南京市博物馆《南京市东善桥明清墓地发掘简报》，《南方文物》，1999年第4期）。由以上可见，明清两代铜镜上的铭文十分丰富，多为吉祥语和教化语，反映的内容也是方方面面，有求子、科举考试、祝福、祝寿、人际关系等等，内容繁多，这些铭文表现的形式，主要是两种情况，一是突出铭文，在明清两代出现了大量的铭文铜镜，就是在铜镜上刻上几个硕大的铭文，而没有任何纹饰加以佐饰；二是铭文和纹饰组合，反映科举考试的铭文"五子登科"镜，常常还带有一些高飞的大雁，其寓意很明白，就是象征"五子登科"后会步步高升，从而达到了铭文与纹饰的照应。还有如"百寿团圆镜，钮外饰凸雕六麒麟兽，一圈凸弦纹，外区有'百寿团圆'四字，间以四童子和折枝柿树、如意、莲花、水草、鱼纹。寓意为"年年有余，事事如意，福寿双全"（济宁市博物馆，姜德銮《山东济宁市新征集一批古代铜镜》，《考古》，1997年7期）。除了"百寿团圆"硕大的字外，还配以相关的纹饰，使其达到铜镜所要表达的祝寿的寓意。

"早生贵子"铜镜 明代

凸弦纹铜镜 明代

8. 从纹饰上鉴定

明清铜镜纹饰特征创新不多，常见的主要有，人物庭院镜、双鱼纹、弦纹、鹿纹、单龙纹、双龙纹、双凤纹、神仙人物图案、各种兽纹、吉祥语图案、仙人杂宝、杂宝纹、隐士纹、人物纹、百寿团圆镜、四乳四兽镜等。由以上纹饰可见，明清两代铜镜上的纹饰种类较多，但我们也可以看到主要为传统的延续，但这些前代都已经出现过的纹饰显然已经具有了明清时期的时代特征,来看一件实例:"人物庭院镜,钮外饰一贵夫人与七童子戏耍,右下方有一院门,一仆人从门里出来,门前一只鸭,一人靠柱站立。上方有柳树、花树各一棵。下为水池,池中有游鱼两条"(济宁市博物馆,姜德銮《山东济宁市新征集一批古代铜镜》,《考古》,1997年7期)。由此可见,这件明清时期人物庭院镜艺术水平不是很高,抽象性几乎没有,非常写实地记录一个人物庭院的场景,不过这样的铜镜显然对于研究十分有利,因为它基本上具有"史实"的特征。总之,明清时期铜镜在纹饰上固定化、程式化的特征过于严重,几乎失去了创新的活力,只有极少数的作品水平比较高,但确实是凤毛麟角,鉴定时应注意分辨。

9. 从大小上鉴定

明清铜镜在体积上进一步复杂化,就是说很难有一个确切的数据,因为的确是太杂乱了,来看一则实例:"人物庭院镜,直径23.3厘米"(济宁市博物馆姜德銮《山东济宁市新征集一批古代铜镜》,《考古》,1997年7期)。可见这件铜镜是一面比较大的铜镜,不过像这样的大小尺寸并不是孤例,而是很多,像20厘米、19厘米、18厘米等等,

"福山寿海"铜镜 明代

都有见。同时也有8厘米左右的铜镜,但更小的铜镜也有见,来看一件实例:"M3:11,半球形圆钮,镜缘高起。饰'三元及第'四字吉语。直径3.6厘米、钮径0.3厘米、缘厚0.18厘米。此镜很小,可能为玩具或冥器"(南京市博物馆《南京市东善桥明清墓地发掘简报》,《南方文物》,1999年第4期)。这样的铜镜几乎失去映像的功能,报告上解释说应为玩具或明器,无论功能是什么,但是起码这个例子让我们看到了明清两代铜镜在体积上的差异化特征是如此之大。

10. 从厚薄上鉴定

明清铜镜在厚薄上特征鲜明，厚薄不一，明清两代都有较厚的铜镜，同时也有很薄的铜镜，但大多数铜镜趋向于略厚的程度，极厚和极薄的情况都比较少见，特别薄的情况可能在清代还略微多一些。

较厚铜镜 明代

11. 从锈蚀上鉴定

明清铜镜在锈蚀特征上很明确，有很多传世品铜锈不是很严重，有的除锈蚀后现在使用都是完好如初，但有一些铜锈比较严重，特别是南方地区有的锈蚀比较严重，因为雨水多的缘故，有的简直是惨不忍睹，来看一则实例："铜镜M1∶22，锈蚀较甚"（南京市博物馆、雨花台区文化局《江苏南京市戚家山明墓发掘简报》，《考古》，1999年10期）。但总体情况是明清时期铜镜在锈蚀

"年年有余"双鱼纹铜镜 明代

上并不是很严重，可能是历史上铜锈最轻微的，但这是一个整体的对比，不具有个体对比的意义，因为明清时期距离我们今天非常近。

参考文献

[1] 扬州博物馆．江苏邗江县姚庄102号汉墓．考古，2000年，04

[2] 荆州市博物馆，石首市博物馆，武汉大学历史系考古专业．湖北石首市走马岭新石器时代遗址发掘简报．考古，1998，04

[3] 中国社会科学院考古研究所广西工作队，广西壮族自治区文物工作队．1996年广西石．时代考古调查简报．考古，1997，10

[4] 中国社会科学院考古研究所广西工作队，广西壮族自治区文物工作队，南宁市博物馆．广西邕宁县顶蛳山遗址的发掘．考古，1998，11

[5] 中国社会科学院考古研究所山西队．山西垣曲县小赵新石器时代遗址的试掘．考古，1998，04

[6] 巴林右旗博物馆朝格巴图．内蒙古巴林右旗查日斯台嘎查遗址的调查．考古，2002，08

[7] 福建博物院，美国哈佛大学人类学系．福建东山县大帽山贝丘遗址的发掘．考古，2003，12

[8] 孝感市博物馆．湖北孝感市徐家坟遗址试掘．考古，2001，03

[9] 甘肃省文物考古研究所．甘肃秦安县大地湾遗址仰韶文化早期聚落发掘简报．考古，2003，06

[10] 山东省博物馆于秋伟，赵文俊．山东沂南县发现一组玉、石器．考古，1998.03

[11] 青阳县文管所陶能生．安徽青阳县中平遗址调查．考古，1997，11

[12] 山东大学考古系，淄博市文物局，沂源县文管所．山东沂源县姑子坪遗址的发掘．考古，2003，01

[13] 南京博物院，镇江博物馆．江苏镇江市左湖遗址发掘简报．考古，2000，04

[14] 广西壮族自治区文物工作队，那坡县博物馆．广西那坡县感驮岩遗址发掘简报．考古，2003，10

[15] 中国社会科学院考古研究所河南第一工作队，河南省文物考古研究所，三门峡市文物工作队，灵宝市文物保护管理所，荆山黄帝陵管理所．河南灵宝市北阳平遗址试掘简报．考古，2001，07

[16] 中美两城地区联合考古队．山东日照市两城地区的考古调查．考古，1997，01

[17] 中国社会科学院考古研究所山西队，山西临汾行署文化局．山西襄汾县陶寺遗址Ⅱ区居住址1999～2000年发掘简报．考古，2003，03

[18] 中国社会科学院考古研究所西藏工作队，西藏自治区文物管理委员会．西藏贡嘎县昌果沟新石器时代遗址．考古，1999，04

[19] 西昌市文物管理所．四川西昌市横栏山新石器时代遗址调查．考古，1998，02

[20] 北京大学考古学系，商丘地区文管会．河南夏邑县清凉山遗址1988年发掘简报．考古，1997，11

[21] 山西大学历史系考古专业，忻州地区文物管理处，五台县博物馆．山西五台县阳白遗址发掘简报．考古，1997，01

[22] 深圳市文管会办公室，深圳市博物馆，南山区文管会办公室．深圳市南山向南村遗址的发掘．考古，1997，06

[23] 苏州博物馆，昆山市文化局，千灯镇人民政府．江苏昆山市少卿山遗址的发掘．考古，2000，04

[24] 河姆渡遗址博物馆考古调查组．浙江余姚市鲞架山新石器时代遗址调查．考古，1997，01

[25] 成都市文物考古工作队．四川崇州市双河古前城址试掘简报．考古，2002，10

[26] 河南省文物考古研究所．河南孟县许村新石器时代遗址．考古，1999，02

[27] 上海博物馆考古研究部．上海金山区亭林遗址1988、1990年良渚文化墓葬的发掘．考古，2002，10

[28] 湖北省文物考古研究所三峡考古队．湖北秭归县庙坪遗址1995年试掘简报．考古，1999，01

[29] 中国社会科学院考古研究所甘青工作队，青海省文物考古研究所．青海民和县喇家遗址2000年发掘简报．考古，2002，12

[30] 河南省文物考古研究所．河南辉县市孟庄龙山文化遗址发掘简报．2000，03

[31] 中国社会科学院考古研究所甘青工作队，青海省文物考古研究所．青海民和县胡李家遗址的发掘．考古，2001，01

[32] 中国社会科学院考古研究所湖北队．湖北枣阳市雕龙碑遗址15号房址．考古，2000，03

[33] 郑州市文物工作队，巩义市文物管理所．河南巩义市瓦窑嘴新石器时代遗址的发掘．考古，1999，11

[34] 山西大学历史系考古专业．山西襄汾县丁村曲舌头新石器时代遗址发掘简报．考古，2002，04

[35] 河南省文物考古研究所．河南新安县西沃遗址发掘简报．考古，1999，08

[36] 中国社会科学院考古研究所内蒙古工作队．内蒙古敖汉旗兴隆洼聚落遗址1992年发掘简报．考古，1997，01

[37] 滦平县博物馆马清鹏．河北滦平县药王庙梁遗址调查．考古，1998，02

[38] 山东省文物考古研究所，东营市博物馆．山东广饶县傅家遗址的发掘．考古，2002，09

[39] 章丘市博物馆．山东章丘市焦家遗址调查．考古，1998，06

[40] 河南省文物考古研究所．河南鹿邑县武庄遗址的发掘．考古，2002，03

[41] 湖南省文物考古研究所．湖南安乡县划城岗遗址第二次发掘简报．考古，2001，04

[42] 山东省文物考古研究所鲁中南考古队，沂水县博物馆．山东沂水县城北郊新石器时代遗址发掘．2002，01

[43] 中国社会科学院考古研究所内蒙古工作队，呼伦贝尔盟民族博物馆．内蒙古海拉尔市团结遗址的调查．考古，2001，05

[44] 湖南省文物考古研究所．湖南湘潭县堆子岭新石器时代遗址．考古，2000，01

[45] 河南省文物考古研究所．河南禹州市瓦店龙山文化遗址1997年的发掘．考古，2000，02

[46] 广东省文物考古研究所，北京大学考古系实习队．广东南海市鱿鱼岗贝丘遗址的发掘．考古，1997，06

[47] 广东省文物考古研究所，五华县博物馆．广东五华县仰天狮山遗址发掘简报．考古，1998，07

[48] 山西省考古研究所侯马工作站．山西侯马市虒祁墓地的发掘．考古，2002，04

[49] 博兴县文物管理所．山东博兴县出土北朝造像等佛教遗物．考古，1997，07

[50] 中国社会科学院考古研究所西安唐城工作队．陕西西安唐长安城圜丘遗址的发掘．考古，2000，07

[51] 郑东．福建厦门市下忠唐墓的清理．考古，2002，09

[52] 李元章．山东栖霞市慕家店宋代慕伉墓．考古，1998，05

[53] 南京市文物局，南京市博物馆，高淳县文管所．江苏高淳县薛城新石器时代遗址发掘简报．考古，2000，05

[54] 辽宁省文物考古研究所．辽宁凌源市牛河梁遗址第五地点1998~1999年度的发掘．考古，2001，08

[55] 中国社会科学院考古研究所河南第二工作队．河南偃师商城Ⅳ区1996年发掘简报．考古，1999，02

[56] 新疆文物考古研究所，哈密地区文物管理所．新疆哈密市艾斯克霞尔墓地的发掘．考古，2002，06

[57] 山东省文物考古研究所，聊城市文化局文物研究室．山东阳谷县景阳冈龙山文化城址调查与试掘．考古，1997，05

[58] 浙江省文物考古研究所，海盐县博物馆．浙江海盐县龙潭港良渚文化墓地．考古，2001，10

[59] 黑龙江省文物考古研究所．黑龙江东宁县小地营遗址渤海房址．考古，2003，03

[60] 辽宁省文物考古研究所，朝阳市博物馆．辽宁朝阳市黄河路唐墓的清理．考古，2001，08

[61] 始兴县博物馆廖晋雄．广东始兴县刨花板厂汉墓．考古，2000，05

[62] 广西壮族自治区文物工作队．广西北海市盘子岭东汉墓．考古，1998，11

[63] 广西壮族自治区文物工作队，钟山县博物馆．广西钟山县张屋东汉墓．考古，1998，11

[64] 乳山市文物管理所姜书振．山东乳山市大浩口村出土汉代铁器．考古，1997，08

[65] 云南省文物考古研究所，玉溪市文物管理所，江川县文化局．云南江川县李家山古墓群第二次发掘．考古，2001，12

[66] 南京市博物馆，南京市玄武区文化局．江苏南京市富贵山六朝墓地发掘简报．考古，1998，08

[67] 厦门大学考古队，吴诗池．湖北巴东县罗坪唐代墓葬的清理．考古，2001，09

[68] 中国社会科学院考古研究所山东工作队．山东滕州市前掌大商周墓地1998年发掘简报．考古，2000，07

[69] 南京市博物馆，雨花台区文管会．江苏南京市邓府山明佟卜年妻陈氏墓．考古，1999，10

[70] 南京市博物馆．江苏南京市明黔国公沐昌祚、沐睿墓．考古，1999，10

[71] 南京市博物馆．江苏南京市板仓村明墓的发掘．考古，1999，10

[72] 南京市博物馆，雨花台区文化局．江苏南京市戚家山明墓发掘简报．考古，1999，10
[73] 韦正，李虎仁，邹厚本．江苏徐州市狮子山西汉墓的发掘与收获．考古，2000，04
[74] 姚江波．中国古代钱币赏玩．第1版．长沙：湖南美术出版社，2006
[75] 乌兰察布博物馆，察右后旗文物管理所．察右后旗种地沟墓地发掘简报．内蒙古文物考古，1990，04
[76] 甘肃省文物考古研究所，礼县博物馆．礼县圆顶山春秋秦墓．文物，2002，02
[77] 洛阳市文物工作队．洛阳东周王城第5239号大墓发掘简报．考古与文物，2000，04
[78] 中国社会科学院考古研究所安阳工作队．河南安阳市郭家庄东南26号墓．考古，1998，10
[79] 青海省文物管理处，海南藏族自治州民族博物馆．青海同德县宗日遗址发掘简报．考古，1998，05
[80] 河南省文物考古研究所，周口地区文化局．河南鹿邑县太清宫西周墓的发掘．考古，2000，09
[81] 山东省文物考古研究所．山东梁山县东平湖土山战国墓．考古，1999，05
[82] 北京市文物研究所，北京大学考古文博院，中国社会科学院考古研究所．琉璃河遗址墓葬发掘简报．文物，1990，04
[83] 河北省文物研究所，邢台市文物管理处．河北邢台市葛家庄10号墓的发掘．考古，2001，02
[84] 洛阳市文物工作队．洛阳东周王城内春秋车马坑发掘简报．考古与文物，2003，04
[85] 吴荣曾．中国大百科全书：博物馆卷．第1版．北京：中国大百科全书出版社，1986
[86] 马承源．中国青铜器．第1版．上海：上海古籍出版社，1994
[87] 湖南省文物考古研究所，永州市芝山区文物管理所．湖南永州市鹞子岭二号西汉墓．考古，2001，04
[88] 开封市文物管理处．河南杞县许村岗一号汉墓发掘简报．考古，2000，01
[89] 怀化市文物事业管理处．湖南溆浦县茅坪坳战国西汉墓．考古，1999，08
[90] 洛阳市文物工作队．河南洛阳市第3850号东汉墓．考古，1997，08
[91] 象山县文管会夏乃平．浙江象山县清理一座东汉墓．考古，1997，07
[92] 徐州市博物馆．江苏铜山县班井村东汉墓．考古，1997，05
[93] 南京市博物馆．江苏南京市北郊郭家山东吴纪年墓．考古，1998，08
[94] 青海省文物考古研究所．青海互助县高寨魏晋墓的清理．考古，2002，12
[95] 中国社会科学院考古研究所四川工作队，松潘县文物管理所．四川松潘县松林坡唐代墓葬的清理．考古，1998，01
[96] 河北省文物研究所，平山县博物馆．河北平山县西岳村隋唐崔氏墓．考古，2001，02
[97] 中国社会科学院考古研究所内蒙古工作队，内蒙古文物考古研究所．内蒙古扎鲁特旗浩特花辽代壁画墓．考古，2003，01
[98] 常州市博物馆．江苏常州市红梅新村宋墓．考古，1997，11
[99] 朱绍侯，张海鹏，齐涛．中国古代史．第1版．福州：福建人民出版社，2000
[100] 孙祥星，刘一曼．中国铜镜图典．第1版．北京：文物出版社，1992
[101] 姚江波．西周青铜器鉴定．中国文物报，2004
[102] 姚江波．中国历代铜镜赏玩．第1版．长沙：湖南美术出版社，2006
[103] 怀化地区文物管理处，辰溪县文物管理所．湖南辰溪县黄土坡战国墓发掘简报．南方文物，1996，02
[104] 辛礼学．安徽省蚌埠市博物馆馆藏文物选介．文物，2002，01
[105] 常德市文物管理处．湖南常德县黄土山楚墓发掘报告．江汉考古，1995，01
[106] 商洛市考古队，洛南县博物馆．洛南西寺冀源及城关粮库东周墓发掘简报．考古与文物，2003，05
[107] 淄博市博物馆．山东淄博市临淄区南马坊一号战国墓．考古，1999，02
[108] 苏州博物馆．苏州真山四号墩发掘报告．东南文化，2001，07
[109] 长沙市文物考古研究所．长沙市茅亭子楚墓的发掘．考古，2003，04
[110] 西安市文物保护考古所．西安北郊尤家庄二十号战国墓发掘简报．文物，2004，01

[111] 荆州市荆州区博物馆.荆州擂鼓台秦墓发掘简报.江汉考古，2003，03

[112] 银雀山考古发掘队.山东临沂市银雀山的七座西汉墓.考古，1999，05

[113] 威海市博物馆.山东威海市蒿泊大天东村西汉墓.考古，1998，02

[114] 霍巍.再论西藏带柄铜镜的有关问题.考古，1997，11

[115] 广西壮族自治区文物工作队，合浦县博物馆.广西合浦县九只岭东汉墓.考古，2003，10

[116] 安徽省文物考古研究所，六安市文物管理所.安徽六安市九里沟两座西汉墓.考古，2002，02

[117] 枣庄市博物馆，石敬东，苏昭秀.山东枣庄市博物馆收藏的战国汉代铜镜.考古，2001，07

[118] 南京市博物馆，雨花台区文化局.江苏南京市唐家凹明代张云墓.考古，1999，10

[119] 临沂市博物馆邱播，苏建军.山东临沂市药材站发现两座唐墓.考古，2003，09

[120] 宁波市文物考古研究所.浙江宁波市祖关山冢地的考古调查和发掘.考古，2001，07

[121] 石从枝.河北邢台市出土一面唐代花枝镜.文物春秋，2001，01

[122] 青州市文物管理所李光林.山东青州市郑母镇发现一座唐墓.考古，1998，05

[123] 曲江县博物馆吴孝斌.广东曲江县发现一座唐墓.考古，2003，10

[124] 忻州地区文物管理处.唐秀容县令高徽墓发掘简报.文物季刊，1998，04

[125] 林州市文物管理所张增午.河南林州市出土古代铜镜.考古，1997，07

[126] 中国社会科学院考古研究所，日本独立行政法人文化财研究所奈良文化财研究所联合考古队.唐长安城大明宫太液池遗址考古新收获.考古，2003，11

[127] 广西永福县文管所万荣.广西永福县南雄村出土唐代铜镜.考古，1999，02

[128] 浙江省文物考古研究所.杭州雷峰塔地宫的清理.考古，2002，07

[129] 湖北省文物考古研究所.湖此襄阳尚心与八亩坡基地发掘简报.江汉考古，2001，01

[130] 镇江博物馆.丹徒左湖南宋岳超墓发掘简报.东南文化，2004，01

[131] 内蒙古文物考古研究所，赤峰市博物馆巴林左旗博物馆.白音罕山辽代韩氏家族墓地发掘报告.内蒙古文物考古，2002，02

[132] 衢州市博物馆张云土.浙江"衢州徐卸五叔青铜照子"铭文镜.考古，1997，05

[133] 河北省文物研究所.河北平山县两岔宋墓.考古，2000，03

[134] 云南省文物考古研究所，红河州文物管理所，泸西县文化馆.云南泸西县和尚塔火葬墓的清理.考古，2001，12

[135] 合肥市红星钟表实业公司柯昌建.安徽合肥市发现一面元代铜镜.考古，1999，11

[136] 内蒙古文物考古研究所，锡林郭勒盟文物管理站，多伦县文物管理所.元上都城南砧子山南区墓葬发掘报告.内蒙古文物考古，1990，04

[137] 南京市博物馆.南京市东善桥明清墓地发掘简报.南方文物.1999，04

[138] 济宁市博物馆姜德銮.山东济宁市新征集一批古代铜镜.考古，1997，07

悦生活
悦收藏

专家团队　鉴赏经典

全国收藏类第一品牌

收藏大参考官方微信